사회 윤리 톺아보기

사회 윤리 톺아보기

발행일   2021년 11월 5일

지은이   강승대
펴낸이   손형국
펴낸곳   (주)북랩
편집인   선일영   편집   정두철, 윤성아, 배진용, 김현아, 박준
디자인   이현수, 한수희, 김윤주, 허지혜, 안유경   제작   박기성, 황동현, 구성우, 권태련
마케팅   김회란, 박진관
출판등록 2004. 12. 1(제2012-000051호)
주소   서울특별시 금천구 가산디지털 1로 168, 우림라이온스밸리 B동 B113~114호, C동 B101호
홈페이지   www.book.co.kr
전화번호   (02)2026-5777   팩스   (02)2026-5747

ISBN   979-11-6836-006-8 03190 (종이책)   979-11-6836-007-5 05190 (전자책)

(주)북랩 성공출판의 파트너

북랩 홈페이지와 패밀리 사이트에서 다양한 출판 솔루션을 만나 보세요!

홈페이지 book.co.kr   ● **블로그** blog.naver.com/essaybook   ● **출판문의** book@book.co.kr

---

작가 연락처 문의 ▸ ask.book.co.kr

작가 연락처는 개인정보이므로 북랩에서 알려드릴 수 없습니다.

당신의 자녀를
대안제시 형의 인물로 키우는
사고훈련법의 비밀

사회
윤리
톺아보기

강승태 지음

생각을 뒤집어라!
사고의 중요성!

북랩 book Lab

차례

❶ 톺아보기

'톺아본다'는 말을 들어보셨는지요? 이 말은 '샅샅이 훑어보고 살핀다'라는 뜻의 순우리말입니다.

우리는 살아가면서 경험하는 수많은 일에 대해서 당연하게 생각하고 받아들이기만 하는 것이 아니라 원인과 결과를 분석하고 대안을 제시하는 깊이 있는 사고를 해야 합니다. 그러기 위해서는 우리 사회에서 발생하는 다양한 문제들에 관해 관심을 가지고 톺아 보는 연습과 훈련이 되어 있어야 합니다.

'질문은 대답보다 중요하다.'는 말이 있습니다. 대답을 찾지 못하는 질문이 무슨 의미가 있냐고 반문하는 사람도 있을 것입니다. 그러나 이 말은 분명한 대답을 도출하지 못할지라도 질문하고 탐구하는 과정 자체가 의미 있는 배움의 과정임을 강조하는 말입니다. 우리 사회에서 발생하는 각종 문제와 현안들에 대해 깊이 생각하는 사람들은 나름의 질문을 생각하고 그 답을 찾기 위해 노력해 나갑니다. 그것이 바로 '생각수업'의 참된 모습이기도 합니다. 앞에서 언급한 사회의 다양한 문제와 현안들을 톺아보기 위해서는 스스로 질문하고 답을 찾는 과정이 매우 중요합니다.

우리가 잘 아는 『어린 왕자』라는 책을 생각과 질문이라는 관점에서 다시 한번 곱씹어 읽어보면 어린 왕자의 중요한 특징을 한 가지 발견할 수 있습니다. 그것은 계속해서 반복되는 '어린 왕자가 물었다'라는 짧은 문장을 통해 확인할 수 있습니다. 즉 어린 왕자는 '생각하고 질문하는' 왕자였던 것입니다. 그리고 그 질문은 결국 자신을 기다리는 장미꽃에게로 돌아가는 이유를 찾게 합니다. 또한, 그 질문은 어린 왕자뿐 아니라 질문을 받는 사람에게까지 깊은 깨달음과 교훈을 얻게 해줌을 알 수 있습니다.

어린 왕자는 수많은 질문과 대답을 통해 인생의 근원적 의미에 대한 해답을 제시하고자 합니다. 그리고 그 해답은 어떠한 구체적 형태를 띤 모범답안이 아니라 해석하는 사람에 따라 다양한 모습을 제시합니다.

이러한 어린 왕자의 질문 사례들은 현재 우리나라 학교 현장에서 시행되는 교실 수업에도 적용할 부분이 있다고 생각합니다. 저학년일수록 질문이 많고, 학년이 높아질수록 질문이 적어집니다. '가만히 있으면 중간이나 가지.'라는 안일한 태도와 함께 '질문은 나의 무지를 드러낼 뿐이야.'라는 체면 중시로 인해서 우리의 참된 배움의 기회를 빼앗기는 것은 아닌지 생각해 봐야 합니다.

어린 왕자의 저자 생텍쥐페리(Antoine Marie Roger De Saint Exupery)의 나라 프랑스에서는 1808년부터 '바칼로레아'라는 대학입학 자격시험을 시행해 왔습니다. 바칼로레아에서 출제된 문제의 몇 가지 사례를 보면 다음과 같습니다.

📖 **출제 사례**

□ 행복은 모든 행동의 목적인가?

□ 예술가는 자신의 작품의 주인인가?

□ 선택권을 가진 것만으로도 충분히 자유로운가?

□ 역사가 심판할 것이라고 말하는 것은 정당한가?

□ 정상적인 것과 비정상적인 것의 경계선을 구분할 수 있는가?

□ 자유는 주어지는 것인가 아니면 싸워서 획득해야 하는 것인가?

위와 같은 문제를 볼 때 평상시에 질문과 토론의 수업으로 훈련되지 않을 경우 좀처럼 답을 쓰기 어렵다는 사실을 알게 될 것입니다. 그런 의미에서 생텍쥐페리가 『어린 왕자』를 쓸 수 있었던 배경도 이러한 끊임없

는 질문과 대답 과정의 결과물이 아닐까 생각합니다.

❷ 질문과 톺아보기

가. 탐구의 과정으로서의 톺아보기

다음과 같은 명제에 각각의 질문을 함으로써 우리
는 당연하게 생각하는 것들을 톺아볼 수 있습니다.

명제	질문
축구는 발로하는 경기다.	골키퍼는 손을 사용하는데?
축구는 발로하는 경기지만 골키퍼는 손을 사용할 수 있다.	골키퍼가 아닌 선수들도 드로잉 기술(상대방 선수 몸을 맞고 아웃된 공을 손을 사용하여 경기장 안으로 던지는 것)을 사용하는데?
축구는 손과 발을 사용하는 경기다.	축구의 기술 중 머리를 사용하는 것으로 '헤딩'이라는 것이 있지 않아?
축구는 손과 발과 머리를 사용하는 것이다.	얼마 전 국가대표 축구 경기에서 공격수의 등을 맞고 굴절된 공이 골대 안으로 들어가 골로 인정되었는데?

축구와 관련된 각각의 명제에 대해 질문을 해봄으로써 축구는 발로만 하는 경기가 아니라 상황에 따라 신체의 모든 부위를 사용하는 운동임을 알 수 있습니다. 이러한 톺아보기 활동을 통해 단순하게 '축구는 발로 하는 운동이야.'라고 말해서는 안 된다는 사실을 깨닫게 됩니다.

나. 협동의 과정으로서의 톺아보기

사회의 각종 현안을 톺아보기 위해서는 스스로 질문하고 답을 찾는 과정이 필수임을 말한 바 있습니다. 이를 위해서는 단순히 단어의 뜻이나 문장을 질문하는 1차적 질문부터, 좀 더 깊이 있는 사고를 필요로 하는 2차적 질문에 이르기까지 다양한 질문들이 허용되는 학습 환경을 만들어야 합니다.

학생들 상호 간에 서로를 경쟁자로 여기는 것이 아니라 서로의 생각을 나누고 사회 윤리적 문제에 대한 최적의 대안을 도출할 수 있는 협력적 분위기가 형성

되어야 합니다.

여기서 교사는 반드시 학교의 교사를 뜻하는 것이 아니라 가정에서의 부모님 또는 함께 생각을 나누는 친구들이 될 수도 있습니다. 학생 역시 학교에서 공부하는 학생만을 뜻하는 것이 아니라 이 책을 통해 사회의 각종 윤리적 문제들에 대해 통찰력을 기르고자 하는 모든 사람이 될 수 있습니다.

이 책『사회 윤리 톺아보기』를 읽으면서 우리가 당연하게 생각해왔던 것들에 대해 다양한 관점에서 모색하고 대안을 찾을 수 있도록 하기 위해서는 상호 협력적인 학습 분위기가 매우 중요한 요소입니다.

사회의 각종 문제에 대해 정답을 찾는 것 자체보다 대안을 모색하는 과정 자체가 훨씬 큰 의미가 있습니다. 이 책을 통해 얻게 되는 사고력과 통찰력은 앞으로 우리가 경험하게 될 다양한 사회 윤리 문제들에 대해 깊이 이해하고 해결 방안을 모색하게 하는 훌륭한 길 안내자가 될 것이기 때문입니다. 그리고 그러한 과정에서 비록 나와 생각이 다른 사람이라 할지라도 무조건 배척하기보다는 논리적으로 옳고 그름을 따지며 분석하는 자세, 경청하는 자세가 필요합니다.

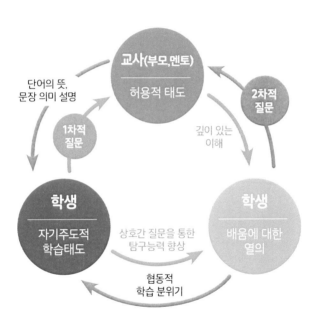

다. 학습의 과정으로서의 톺아보기

'Quest'의 뜻은 '탐구하다'에서 유래한 말입니다. 질문이 진지한 탐구 과정의 일환이 되기 위해서는 다음과 같은 기본적 토대가 마련되어야 합니다.

Q	quality (양질)	양질의 질문을 통한 톺아보기
U	utility (유용)	배움의 과정에 도움이 되는 톺아보기
E	encourage (격려)	상호 배려하고 격려하는 톺아보기
S	share (공유)	서로의 생각을 나누고 공유하는 톺아보기
T	tolerance (관용)	나와 다른 생각도 수용하는 톺아보기

첫째, 톺아보기를 위한 질문은 양질의 것이어야 합니다. 상대방의 의견에 무조건 반박하기 위한 질문이나, 감정이 섞여 상대의 기분을 상하게 하는 질문은 좋은 질문이 아닙니다.

둘째, 톺아보기를 위한 질문은 배움의 과정에 도움이 되어야 합니다. 모든 질문이 다 좋은 것은 아닙니다. 질문은 해당 수업의 주제에 부합되는 가운데 좀 더 발전적인 방향을 모색하기 위한 질문이 되어야 합니다.

셋째, 톺아보기를 위한 질문은 상호 배려하고 격려하는 질문이어야 합니다. 학습자의 수준에 따라 다소 질문의 수준이 낮다고 하더라도 함께 학습하는 활동을 통해 서로 발전하는 학습환경이 되어야 합니다.

넷째, 서로의 생각을 나누고 공유하는 톺아보기가 되어야 합니다. 사회문제에 대한 대안은 여러 사람과 생각을 나눌 때 더욱 발전적인 대안을 찾을 수 있습니다.

다섯째, 관용의 덕목이 있는 톺아보기가 되어야 합니다. 앞에서 언급한 바와 마찬가지로 나와 다른 생각이라 할지라도 무조건 배척하기보다는 그 생각의 이유와 근거를 따져보고 수용할 것은 수용해야 합니다. 사람들은 자기 생각이 잘못되었음을 깨닫게 된 이후에도 자존심을 내세워 생각의 틀을 고치려고 하지 않습니다. 내 생각이 잘못되었고 상대방이 옳다는 것을 인정하기에는 때로는 용기가 필요합니다. 사회의 각종 윤리적 문제들을 해결하기 위해서는 다른 사람들의 좋은 의견에 대해 아낌없이 칭찬하고 수용하는 열린 자세가 필요합니다.

우리 사회에서 발생하는 다양한 사회 문제들이 관용의 부재에서 발생하는 것임을 생각해볼 때, 관용의 덕목이 지켜지는 질문과 톺아보기 활동은 매우 중요한 것이라고 할 수 있습니다.

❸ 이 책을 통하여

이 책은 다양한 사회 현상들을 뒤집어서 새로운 시각으로 바라보는 상황을 제시합니다. 이를 통해 우리가 당연하게 생각했던 사회의 각종 문제에 대해 다시 한번 깊이 있는 사고를 경험하게 됩니다. 이 책에 제시된 12가지 사례들은 사회 윤리 톺아보기를 위해 설정된 가상의 현실일 뿐이지만 우리의 사고의 틀을 확장하는 데 큰 도움이 될 것입니다. 학교 수업에서는 국어과의 창의적 글쓰기와 함께 사회나 도덕 교과의 융합 수업 자료로 활용될 수 있습니다. 그리고 가정에서는 부모님과 함께 이 책을 읽으며 서로의 생각을 나누고 사회 문제에 대한 통찰력을 기르는 교재로 사용할 수 있습니다. 그리고 이 책에 제시된 주제를 바탕으로 논술 활동을 함으로써 깊이 있는 글쓰기 교육도 가능할 것입니다.

이 책은 개인적으로 읽고 그치는 것이 아니라 다른 사람과 함께 생각을 나누는 데 매우 유용하게 활용될 수 있습니다. 이러한 학습 활동을 통한 유익을 정리하면 다음과 같습니다.

사회윤리에 대한 통찰력 함양

톺아보기를 통해
대안을 모색하는
탐구공동체 형성

탐구

톺아보기를 통해
함께 배워가는
협동공동체 형성

협동

톺아보기를 통해
참된 배움이 있는
학습공동체 형성

학습

이 책이 사회의 각종 현안을 바라보는 통찰력을 기르는 데 조금이나마 도움이 될 수 있기를 희망합니다. 이 책의 내용이 세상의 모든 사회 윤리적 문제들을 다루고 있지는 않지만, 이 책에 제시된 12가지 기본 주제를 생각하며 사고의 폭을 확산하고 올바른 대안을 제시하는 능력을 키워가기를 바랍니다.

이 책을 통해서 우리 사회에서 당연하게 생각하는 것을 새로운 관점에서 바라보고, 스스로 사회 윤리의 다양한 문제에 대한 답을 모색해보시기 바랍니다. 이러한 과정을 통해 여러분의 생각하는 힘은 지금보다 훨씬 성장하게 될 것입니다.

사회
윤리
톺아보기

1

공부

승태쌤의
생각나무

여러분은 어려서부터 지금까지 '공부'라는 말을 정말 많이 들어보셨을 것입니다. 그렇다면 공부란 과연 무엇일까요?

'공부(工夫)'라는 말은 한자어입니다. '학문이나 기술을 배우고 익힌다.'라는 뜻을 가진 말입니다. 비슷한 용어로는 '학습'이 있고, 영어로는 'Learning', 'Study' 등이 있습니다. '학습(學習)'이라는 말도 지식이나 기술을 배우고 익힌다는 뜻이며, 'Learning'과 'Study' 모두 배움을 강조하는 말이지만 'Study'가 조금 더 자율적인 학습을 강조한다는 차이가 있습니다.

논어에 보면 '知之者 不如好之者 好之者 不如樂之者(지지자 불여호지자 호지자 불여락지자)'라는 말이 있습니다. 이 말은 '아는 것은 좋아하는 것만 못하며, 좋아하는 것은 즐기는 것만 못하다.'라는 뜻입니다. 즉 공부할 때 아는 것보다 우선되는 것이 좋아하는 것, 좋아하는 것보다 더 바람직한 자세는 즐기는 것이라는 뜻입니다.

다음에 소개된 이야기는 공부에 대해서 우리가 일반적으로 경험하는 상황과 전혀 다른 사례를 보여주고 있습니다. 이 이야기를 읽으며 정말 이런 공부면 밤새워 할 수 있겠다고 생각하는 사람도 있을 것이고, 반대로 이게 무슨 공부야? 라고 반문하는 사람도 있을 것입니다. 하지만 중요한 것은 이 이야기를 통해 참된 공부는 무엇인지, 그리고 공부를 할 때의 바람직한 자세는 무엇인지 깊이 생각해보는 시간을 가져보시기 바랍니다.

"연희야! 이제 제발 수학 문제 좀 그만 풀고 이리 와서 스마트폰 게임 좀 하렴! 그렇게 해서 중간고사 어떻게 볼 생각이니? 정말 걱정이 이만저만이 아니로구나. 지난번 중간고사에서도 게임 능력 종합평가가 학급 평균보다 낮게 나오지 않았니. 이번에는 좀 더 최신 게임에 시간 투자를 많이 해서 좋은 결과를 얻도록 하자꾸나."

"엄마. 나도 나름대로 열심히 노력하고 있는데 게임은 도통 레벨이 오르지 않아요. 아무래도 나는 게임 과목은 재능이 없나 봐요."

"그렇게 쉽게 포기하면 안 된단다. 게임 공부가 능률이 오르지 않을 때는 '낙서하기' 과목도 있지 않니. 노트나 연습장에 아무 낙서라도 하면서 창의성을 키우도록 하렴. 그래도 지난 시험에 낙서하기 과목은 비교적 좋은 점수를 얻었잖니. 무조건 포기하지 말고 노력한다면 어느 과목이든 점수가 오를 수 있을 거란다."

"그나저나 시험공부로 이렇게 바쁜 와중에 선생님께서 숙제까지 내주셔서 정말 부담이 돼요."

"그래? 무슨 숙제니?"

"체육 선생님이 내주신 숙제인데 '친구 집에서 파자마 파티하기' 숙제에요."

"그렇구나. 좀 힘들고 재미없는 숙제이긴 하지만 게임 과목보다는 나을지 모르겠구나."

"친구 집에서 파자마 파티하기 숙제 자체도 부담스러운데, 피자나 치킨을 시켜 먹거나 함께 만화책을 읽는 모습을 사진으로 찍어서 제출하면 좀 더 좋은 점수를 주신다지 뭐에요. 그렇게 어렵고 딱딱한 과제를 내주시다니 정말 고리타분한 선생님이에요."

"연희야, 아무리 그래도 선생님께 고리타분하다느니 어쩌느니 그렇게 불평하면서 말해서는 안 된단다. 너희들 학습을 위해 얼마나 수고하고 계시니. 생각해보니 파자마 파티 숙제도 사회성 함양을 위해 꼭 필요한 과제라고 판단되는구나."

"네, 같은 모둠 친구들과 함께 약속을 잡아서 파자마 파티 과제를 해보도록 할게요."

"그리고 연희야, 공부하느라 스트레스받을까 걱정이 되어서 말하지 않으려고 했는데 이 말은 꼭 해야겠구나."

"무슨 말씀인데요?"

"너 어제도 말이다. 새벽 2시까지 세계 문학 전집을 읽었다며? 요즘 세상에 아무런 도움도 되지 않는 고전 소설을 읽다니 정말 이해할 수 없구나. 그뿐 아니라 그 책에 대한 독서일기까지 썼다고 아버지가 말씀하시던데… 세상에 그런 쓸데없는 일을 할 시간이 있으면 게임이나 좀 더 집중하도록 하렴."

"엄마, 미안해요. 그런데 독서일기는 아주 가끔 시간이 날 때만 적었던 거예요. 앞으로는 자제하고 게임과 낙서에 좀 더 시간을 내보도록 할게요."

"그리고 이번 여름방학 때는 '웹툰의 이해' 과목 과외라도 좀 하자꾸나. 요즘 대학 입시에서 웹툰을 읽고 한 줄 소감문 쓰기가 필수인데 연희 너는 아무도 읽지 않는 세계 문학 전집이나 읽고 있으니 정말 이 엄마는 걱정이 이만저만이 아니란다. 엄마가 벌써 웹툰 작가 한 명을 과외선생님으로 부탁해놓았어. 학생들이 별로 좋아하지 않는 로맨스 전문 웹툰 작가인데 공부하기 좀 어려울지 몰라도 열심히 배우자꾸나."

"저는 아무래도 웹툰 같은 그림보다는 글자가 많은 책이 좋아요. 웹툰을 보고 한줄평을 적으려고 했는데 저도 모르게 장문의 글을 쓰게 돼요."

"요약정리를 잘하는 것도 훌륭한 능력이란다. 앞으로는 매사에 너무 깊이 생각하지 말고 아주 단순하고 간단하게 생각하는 연습을 하렴. 생각을 많이 해보았자 머리만 지끈지끈 아플 뿐이고 아무런 도움이 안 된단다. 그나저나 요즘 영어 공부는 잘되니? 새로 오신 영어 선생님은 재미있고 유익하게 수업을 해주시는지 궁금하구나."

"아이고 말도 마세요. 얼마나 수업이 지루한지 모르겠어요. 저는 단어를 외우고 문법을 공부하고 영국과 미국의 고전 문학을 탐독하고 번역하는 것을 좋아하는데 말이에요."

"그래? 구체적으로 어떻게 수업을 하시는데?"

"슈퍼히어로들이 모여 악의 세력들로부터 지구를 구하는 미국 영화를 주로 보여주시고요. 영국과 미국에서 최신 유행하는 팝송을 들려주시고, 미국 현지 중·고등학생과 우리를 실시간으로 연결하여 화상채팅으로 서로의 문화에 관해 이야기를 나누도록 하고 계세요. 물론 영어를 못 하는 학생들이 대부분이라 동시번역기를 사용하는데, 그래도 괜찮다며 편하게 수업에 참여하면 된대요."

"저런, 어렵게 수업하시는구나. 정말 딱딱하고 정형화된 수업이네. 학생들이 지루하고 힘들게 영어 공부하느라 고생이 많겠구나."

"그래도 이젠 적응이 되어서 좀 괜찮아요. 그나저나

엄마, 어제 하다가 다 못했던 과제 좀 할게요."

"그래, 무슨 과제니?"

"네, '아이돌 스타 뮤직비디오 감상하기' 과목이에요. 이제 인터넷 동영상으로 5편만 더 감상하면 돼요. 이렇게 어렵고 딱딱한 내용을 계속 보려고 하니까 머리가 좀 띵하네요. 뮤직비디오 감상하다가 머리가 아프면 '형이상학과 존재론', '칸트의 순수이성비판'에 대한 영상 강의 좀 시청해도 되죠?"

"그래 그러렴. 엄마가 생각하기에는 정말 불필요한 영상 강의 같지만, 연희 네가 공부하다가 머리가 아플 때면 잠시 쉬어가는 의미로 봐도 그다지 나쁘지 않을 것 같구나. 그럼 나머지 공부도 열심히 하렴. 우리 딸 화이팅!"

"네, 고마워요. 엄마, 안녕히 주무세요."

❶ 내가 공부하는 궁극적인 이유와 목적은 무엇입니까?

❷ 인생에 있어서 공부하는 시기가 따로 정해져 있다고
　생각하십니까? 아니면 공부는 평생에 걸쳐서 하는
　것이라고 생각하십니까?

❸ 중·고등학교에 새로운 교과목을 개설한다면 무슨 교
　과목을 개설하겠습니까? 그리고 그 교과를 통해 배
　우게 되는 지식과 능력은 무엇입니까?

❹ 교과서를 통해 학습하는 것뿐만 아니라 여행 등 다
　양한 삶의 경험도 넓은 의미의 공부라고 할 수 있습
　니다. 지금까지 내가 체험한 공부 중 가장 의미 있던
　공부는 무엇이었는지 함께 이야기 나누어봅시다.

2

합리적
사고

승태쌤의
생각나무

여러분은 중요한 결정이나 판단을 내려야 할 때 무엇을 근거로 결정하고 판단하시나요? 사람마다 결정이나 판단을 내릴 때 나름의 기준을 가지고 있을 것입니다. 중요한 것은 이러한 판단 기준이 이성적 사고에 의한 합리적 판단인가 아닌가 하는 것입니다.

'합리적 판단'이라는 것은 무엇을 뜻하는 말인가요? '합리적(合理的)'이라는 말은 '이치에 합당하다'라는 뜻입니다. 즉 논리적 근거를 가지고 깊이 생각하여 내리는 판단이 합리적 판단이 되는 것입니다.

인간과 동물을 구분 짓는 특징에는 다양한 것들이 있습니다. 대표적으로 '언어를 사용한다.', '도구를 사용한다.', '문화를 공유한다.' 등이 있지요. 하지만 가장 중요한 인간의 특징은 비로 '이성적 존재'라는 것이 아닐까요? '이성(理性)'이란 '사물의 이치를 논리적으로 사고하고 판단하는 능력'을 뜻하는 말입니다. 동물과 같이 본능에 의해서만 살아가는 것이 아니라 생각할 수 있는 힘, 즉 '이성'은 인간이 가진 가장 큰 특징입니다.

하지만 이러한 이성에 의해 합리적 판단을 하기보다는 다른 요소에 의해 중요한 결정을 하는 사람들도 있습니다. 꿈이나 계시, 환상이나 점 등을 무조건 나쁘다고 볼 수 없습니다. 하지만 인간에게 주어진 가장 큰 능력인 이성을 외면한 채 다른 요소들에만 의지하여 중요한 결정을 내리는 것은 결코 바람직한 태도는 아닙니다.

다음 이야기를 통해 합리적 사고의 중요성을 깊이 인식하고 생활 속에서 합리적 사고를 습관화하는 여러분이 되시기를 바랍니다.

"민주야, 너는 고등학교 어디로 진학하기로 결정하였니? 난 ○○ 고등학교에 원서를 낼까 생각 중이야."

"그래? 거기는 그다지 평판이 좋지 못하던데… 그런데 왜 그 학교에 가려고 그러니?"

"응, 사실은 어젯밤 꿈에 할아버지께서 그 학교에 진학하라고 계시를 내려주셨어. 그 학교에 입학하면 꼭 좋은 일이 있을 거라고 말이야. 우리 언니도 올해 대학에 입학했는데 언니 꿈에는 돌아가신 외할머니가 나타나셔서 조언을 해주셨거든. 언니도 외할머니의 말씀대로 그 대학에 진학했더니 모든 것에 만족하며 즐겁게 대학 생활을 즐기고 있어."

"그래? 그렇다니 정말 다행이로구나. 역시 꿈이나 계시만큼 정확하고 분명한 것도 없어. 나도 요즘 가장 과학적이고 합리적인 타로점에 의지해서 생활하다 보니 모든 것이 편하고 잘 풀리는 것 같아. 인서 너도 타로점 해본 적 있니?"

"그야 당연하지. 타로점뿐 아니라 나는 매일 아침 인터넷 기사를 통해 나오는 '오늘의 운세'를 꼭 확인하고 거기서 지시하는 것은 무슨 일이 있어도 꼭 지키려고 해. 오늘 아침에 나온 오늘의 운세를 보니 쥐띠들은 길을 건널 때 차를 조심하라고 적혀있더구나. 아니나 다를까 학교 올 때 길을 건너는데 횡단보도에서 내 앞에 큰 트럭이 엄청 빠른 속도로 지나가는 거야. 만약 오늘의 운세를 안 보고 그냥 왔다면 정말로 큰일 날뻔했어."

"그리고 인서야. 요즘 중·고등학생들 사이에 귀신을 부르는 놀이가 유행하는 것 알고 있니? '분신사바'라고 하던가? 어쨌든 그런 놀이를 통해서 돌아가신 분들과 대화도 나누고 신비한 체험도 한다더구나."

"그래? 그것참 과학적이고 이성적인 놀이로구나. 그런 놀이에 몰입하면 무료한 삶에 활력소도 되고 함께 놀이하는 친구들과도 더 사이가 좋아질 것 같아. 그리고 혹시 모르잖니? 그 놀이에 초대된 귀신이 우리 앞 길을 잘 예언해줄지도 모르잖아?"

"맞아, 우리도 시간 되면 정식으로 한번 그 게임을 해보자. 알았지?"

"그래 좋아. 아주 흥미진진할 것 같구나."

"그런데 말이야. 우리 옆집에 사는 우현이는 앞으로 진학할 학교를 정하는데 아주 이상한 방식으로 결정을 한데. 학교가 집이랑 얼마나 가까운지, 교육 과정은 자신의 흥미와 적성에 맞게 잘 개설되어 있는지, 심지어는 교복 디자인이나 급식이 맛있는지 여부까지 고려한다는구나."

"세상에나… 그렇게 힘들게 살아가는 사람이 아직도 있다니 정말 신기하네. 왜 그렇게 복잡하고 어렵게 살아갈까? 그냥 동전을 던져서 떨어진 방향의 고등학교에 가든가, 아니면 가고 싶은 고등학교를 적어둔 쪽지 중 눈감고 하나를 골라서 가는 합리적인 방법도 있는데 말이야. 그런 좋은 방법을 놔두고 골치 아프게 사는 사람들이 있으니 큰 문제야."

"그래 맞아. 과학이나 분석, 계산 이런 것들은 정말 이상한 사람들이 만들어 낸 미신이라고 생각해. 사람들은 과학보다는 꿈이나 미신, 아니면 매 순간 떠오르는 직감에 의해 생활하는 것이 가장 최선의 방식인데 말이야. 우리는 아무리 다른 사람들이 과학이니 뭐니 떠들어대며 비이성적인 세계로 우리를 유혹하더라도 절대 넘어가지 말자."

"그럼 물론이지! 그리고 민주야. 오늘 밤에 보름달이 뜨는데 무슨 소원을 빌 거니?"

"아, 오늘 보름달이 뜨는구나. 내 소원을 빌 유일한 기회를 놓치지 말아야겠네. 나는 사귄 지 보름 된 남자친구와 앞으로도 사이좋게 잘 지내기를 기도할 거야."

"그래? 실은 말이야. 네가 사귀는 남자친구를 우연히 본 적이 있는데 내가 중학생 때 싫어하던 남학생과 눈매가 닮았더구나. 그런 눈매를 한 사람들은 다들 성

격이 이상하다는 이야기를 들은 적 있어."

"정말? 관상은 과학이라던데… 네 말을 듣고 보니 하루라도 빨리 남자친구와 헤어지는 게 좋겠어."

"그래, 사람을 볼 땐 관상만큼 정확한 것도 없단다. 눈매가 좋지 못하니 아쉽지만 이쯤에서 그만 사귀는 게 좋을 것 같아."

"그래, 항상 잊지 말자. 복잡하고 어렵게 생각하기보다는 단순하게 살아가는 게 가장 행복한 거라는 사실을 말이야. 그러기 위해서는 앞으로도 꿈이나 계시, 점이나 환상 등을 더욱 의지해야겠어."

"그래, 역시 너는 대화가 통하는 친구라니까. 그럼 오늘 밤에도 달님에게 소원 잘 빌고, 또 꿈에서 누군가에게 좋은 조언을 얻기를 바랄게. 안녕!"

❶ '합리적 사고'는 무엇을 뜻하는 말입니까?

❷ 합리적으로 사고하고 행동하는 사람과 그렇지 못한 사람의 삶의 모습은 어떤 점에서 차이가 있다고 생각하십니까?

❸ 합리적으로 사고하는 능력을 기르기 위해서는 어떤 자세가 필요합니까?

❹ 자동차나 집 등에 부적을 붙이고 행운을 기원하는 사람들이 있습니다. 그러한 행동에 대해 어떻게 생각하십니까? 그리고 그렇게 생각하는 이유는 무엇입니까?

사회
윤리
톺아보기

3

정직과
양심

승태쌤의
생각나무

여러분은 '정직'이나 '양심'이라는 말을 많이 들어보셨을 것입니다. 영국에도 'Honesty is the best policy(정직은 최선의 방책이다.)'라는 속담이 있습니다. 정직이나 양심과 같은 덕목은 동서고금을 막론하고 인간이 갖추어야 할 가장 중요하고 기본적인 가치라고 할 수 있습니다.

하지만 우리가 사는 사회의 정직이나 양심의 수준에 대해서는 다양한 의견이 존재합니다. '이 정도면 사람들이 꽤 정직하고 양심적으로 살아가고 있다고 할 거야.'라고 생각하는 사람도 있으며, '우리 사회의 정직과 양심 수준은 매우 낮아.'라고 평가하는 사람도 있습니다. 누가 어떤 평가를 하는가와 관계없이 정직과 양심은 사회를 지탱하는 가장 중요한 가치이자 덕목입니다. 함께 어울려 살아가는 사회 속에 서로 간의 신뢰가 무너진다면 더 이상 행복한 삶을 살아가기 어려워지기 때문입니다.

정직과 양심을 논하기에 앞서 우리는 자기 삶의 태도와 마음가짐을 점검해볼 필요가 있습니다. 사회를 구성하는 우리 개개인이 정직과 양심을 지키려고 노력할 때 비로소 사회 전체도 정직과 양심이 지켜지는 사회 윤리를 확립할 수 있기 때문입니다.

만약 이 세상에 정직이나 양심과 같은 덕목이 사라진다면 어떤 모습일까요? 서로가 서로를 속이고 자기 자신만의 이득을 챙기며 아무도 믿을 수 없는 사회가 되어버린다면 정말 혼란스러운 삶을 살아갈 수밖에 없을 것입니다.

다음 이야기를 읽으며 정직과 양심의 가치에 대해 깊이 생각해보도록 합시다.

"서윤아, 우리 아무래도 길을 잃은 것 같아. 우리가 찾는 박물관이 이쪽이 아닌 것 같은데… 지나가는 분께 여쭈어볼까?"

 "현우야, 네 말대로 물어보는 게 좋겠다. 나도 다리가 아파서 더 걷기도 힘들고 빨리 박물관에 도착하여 과제 조사를 끝마쳤으면 좋겠어."

 "아저씨, 저희 ○○ 박물관에 가려고 하는데 어느 쪽으로 가야 하나요?"

 "응, 이 길로 쭉 걸어가다 보면 100m 앞에 횡단보도가 나온단다. 그 횡단보도를 건너자마자 오른쪽 길로 조금만 걸어가면 박물관이 보일 거야."

 "감사합니다."

 "현우야, 아저씨가 박물관 가는 길을 알려주시긴 했지만 믿을 수 있을까? 쭉 직진해서 우회전하라고 했으니 반대편으로 쭉 가다가 좌회전하면 되려나?"

"그러게, 이제 세상 모든 사람이 장난이라는 이유로 거짓말을 하거나 반대로 말하는 것이 일반화되었으니 세상에 믿을 말이 없게 되었구나. 아까 길을 알려주신 아저씨 말씀의 반대로 해야 할지, 아니면 그냥 한번 믿어보고 그 말씀대로 가봐야 할지 정말 헷갈리네."

"혹시 저 아저씨가 우리가 아저씨 말씀의 반대로 갈 줄 미리 아시고 제대로 알려주신 걸지도 몰라."

"그런가? 하여튼 정말 복잡하고 뒤죽박죽인 세상이야."

"나는 어제 할머니로부터 할머니 어릴 적 이야기를 들었거든. 글쎄 할머니가 내 나이만 한 10대 소녀 시절에는 국어사전에 '정직', '양심'이라는 단어가 있었대. 아마 사람들이 사실을 곧이곧대로 말하거나 남을 속이지 않고 진실하게 말하고 행동하는 것을 뜻하는 말이었나 봐."

"그래? 정말 그런 시절이 있었을까? 나는 사람은 본래 이기적이고 자기중심적인 존재라서 자신의 이익이나 재미를 위해서라면 어떤 거짓말도 서슴지 않았을 것이라고 생각해. 할머니 어린 시절이라고 해서 사람들의 본성이 달라졌겠니? 마찬가지로 늘 거짓말을 하던 시절이 아니었을까? 할머니께는 죄송하지만, 어제 너에게 들려주신 할머니의 이야기 자체가 거짓말일 수도 있다는 생각이 들어."

"과연 그럴까? 그래도 어쩌면 할머니 말씀이 맞을지도 몰라. 나도 늘 상황에 따라 거짓말을 해오긴 했지만 그럴 때마다 마음이 편치 않았거든. 남을 속이면 뭔가 기분이 좋아지긴 했어도 마음 한구석에는 이건 옳지 못하다는 생각도 들곤 했었어. 이런 게 바로 할머니께서 말씀하시던 '양심'이라는 건가 싶기도 하고 말이야."

"에이, 너 지금 한 말이 혹시 거짓말 아니니? 우리 사이에서까지 거짓말을 하면 못쓴다 너."

"알았어. 우리는 둘도 없는 친구인데 설마 너한테까지야 거짓말을 하겠니? 그나저나 요즘에는 단순한 거짓말뿐 아니라 다른 사람을 속여서 돈을 벌거나 해를 끼치는 범죄행위가 너무 많아져서 걱정이야. 예전에는 그냥 만우절 장난처럼 가볍게 남들을 속이기만 했는데 이제는 보이스피싱이나 사기가 너무 일상화되어서 세상이 점점 무서워지는 것 같아."

"그러게 말이다. 나도 지난주에 우연히 보이스피싱을 막아준다는 앱을 설치했는데, 그 앱이 바로 사기꾼들이 만든 앱이었어. 그 앱을 설치하자마자 내 스마트폰의 모든 정보가 사기꾼들에게 넘어가서 정말 난처하기 이를 데 없었어."

"그랬구나. 너는 아직도 너무 세상을 잘 믿어서 탈이야. 앞으로는 다른 사람의 말을 듣거나 어떤 정보를 접하게 되면 열 번이고 백번이고 믿을만한지 생각해보고 결정하도록 하자꾸나."

"그래, 알았어. 그러도록 하자. 그런데 서윤아 나랑 대화할 때 뭔가 좀 이상하지 않았니?"

"뭐가 이상해? 잘 모르겠는데? 너 나한테 무슨 장난

이라도 친 거니?"

"하하하, 아직 눈치를 못 챘구나. 난 현우 쌍둥이 동생 선우야. 이렇게 오랫동안 대화를 나누었는데 정말 감쪽같이 속는구나. 서윤이 너야말로 어딘지 모르게 어리숙하고 순진한 면이 있는데?"

"정말 네가 선우란 말이야? 어쩐지 조금 이상하다 싶긴 했는데 나를 이렇게 속이다니 좀 분한걸? 역시 이 세상에 믿을 건 아무것도 없어. 오늘도 그런 평범한 진리를 깨닫게 되는구나."

"그래, 오늘 형이 몸이 좀 안 좋다고 해서 내가 대신 나온 거야. 그래도 이 정도 속임은 애교로 봐줄 만하지? 이런 재미도 없으면 심심해서 세상 어떻게 살아가니, 그렇지?"

"그래 알았어. 현우 이 녀석, 나중에 나도 장난 한번 칠 테니까 각오 단단히 하고 있으라고 전해줘. 알았지? 하하하."

❶ 우리 사회에 정직이나 양심과 같은 덕목이 필요한 이유
는 무엇이라고 생각하십니까?

❷ 만약 정직이나 양심이 없는 사회가 되었다면 그러한 사
회에서 사는 사람들의 삶의 모습은 어떻다고 생각하십
니까?

❸ 자신의 이익을 위한 거짓말이 아닌 타인을 배려하는 마
음에서 하게 되는 거짓말을 '하얀 거짓말'이라고 합니다.
이러한 거짓말에 대해서 어떻게 생각하고 있으며, 그렇
게 생각하는 이유는 무엇입니까?

❹ 현재 우리나라 국민들의 정직도(청렴도)는 어느 정도 수
준이라고 생각하십니까?

사회
윤리
톺아보기

4

동물권

승태쌤의
생각나무

가치

정의

원리

사회

여러분은 동물에게도 권리가 있다는 말을 들어보셨나요? 최근에는 인권뿐 아니라 동물권에 대한 사회적 관심이 높아지는 추세입니다. 반려동물을 키우는 가정의 비율도 갈수록 증가하고 있으며, 동물 실험을 비롯하여 육식 등에 이르기까지 동물과 관련된 각종 사안이 언론에 많이 보도되고 있습니다.

'동물권'이란 무엇을 뜻하는 말일까요? 동물도 인간과 마찬가지로 존엄한 생명을 가진 존재이며, 따라서 인간의 이익을 위해 희생당하지 않을 권리가 있다는 뜻의 용어입니다. 동물은 각종 의약품과 화장품의 실험 대상, 모피와 가죽을 통해 가방이나 의류의 재료, 육식의 재료가 되고 있습니다. 동물권의 인식이 희박하던 시대에는 이런 일들이 크게 문제가 되지 않았습니다. 하지만 지금은 동물의 권리에 대해 주창하는 목소리가 커지고, 동물 학대 등 동물권을 훼손하는 다양한 행위에 대해 처벌 수위도 높아지는 추세입니다.

동물권이 강조되는 근본이념에는 '인간 중심주의'에 대한 반성이 있습니다. 인간 중심주의란 인간이 이 세상에 존재하는 모든 생명체의 중심이며, 인간만이 인간 이외의 존재를 인간의 이익을 위해 다스릴 권리가 있다는 주장입니다.

다음 이야기는 인간과 다른 동물들의 처지가 뒤바뀐 세상을 상상한 것입니다. 이 이야기를 읽고 동물권에 대한 여러분의 생각을 정리해보시고 올바른 생명 존중 의식을 함양하시기 바랍니다.

"토깽아, 이번에 우리 회사에서 토끼 주민들을 위한 새로운 화장품을 개발했는데 이 화장품이 너희 토끼들에게 부작용은 없는지 실험을 해봐야겠어."

"오, 원숭아. 전부터 토끼들의 피부미용을 위한 화장품을 개발한다고 밤새워 연구하더니 결국 신제품을 개발하였구나. 우리 토끼들을 위해 이렇게 신경을 써주다니 정말 고마워. 그리고 내 말대로 우리 토끼들의 안전한 피부 미용을 위해서는 화장품을 판매하기 전에 안전성을 검증하는 게 가장 중요하지. 이번에도 실험실에 있는 인간 세 명 정도에게 먼저 화장품을 발라보면 어떨까?"

"세 명 정도로는 부족해. 좀 더 정확한 안전성 검증을 위해서는 흑인, 백인, 황인으로 구분하여 각 3명씩, 최소한 9명의 실험 대상이 필요할 것 같아."

"그래 원숭아, 그게 좋겠어. 안전성을 확보하는 것이

가장 중요하지. 그나저나 만약 인간이 없었다면 얼마나 불편했을까? 인간들이 우리가 개발한 화장품의 안전성을 검증하는 데 얼마나 큰 도움이 되는지 몰라. 지난번 멍뭉이 전용 선크림을 개발했는데, 그때도 인간들을 대상으로 부작용 테스트를 거쳤더니 완벽한 제품을 만들 수 있었어. 멍뭉나라 주민들에게 얼마나 잘 팔렸는지 몰라."

"그래, 모두 인간들의 희생 덕분이긴 하지. 하지만 인간을 대상으로 안전성을 검증하였지만, 실제 우리 동물들에게 판매하였을 때는 부작용이 나타나는 경우도 가끔 있어. 지난번 야옹나라에 판매할 츄르를 임상 실험 하였는데 인간들은 잘 소화하였지만, 야옹이들이 소화를 잘 못 하더라구. 그러니 인간 대상으로 실험이 완벽하게 끝났다고 해서 무조건 제품 개발이 성공했다고 보는 것은 좀 무리야."

"그렇구나. 그렇다면 굳이 인간을 대상으로 실험하기보다는 좀 더 윤리성이 확보된 다른 실험 방법은 없을까?"

"우리 연구소도 그런 방안을 생각하고 있어. 역시 인간과 우리 동물들은 유전인자가 다르기 때문에 인간 실험의 결과가 꼭 동물들에게 적용된다고 볼 수는 없거든. 하지만 그렇다고 해서 인간을 대상으로 실험하는 것 말고는 딱히 대안이 있는 것도 아니라서 말이야."

"그렇구나. 그렇다면 여전히 인간을 대상으로 실험하는 것 외에는 다른 방법이 없는 것일까? 네 말을 듣고 보니 인간들에게 좀 미안한 생각이 들기도 하는구나. 원숭아, 그나저나 너희 실험실에 각종 테스트에 필요한 인간들은 많이 확보해놓았니? 요즘 실험용 인간이 많이 부족하다는 이야기가 들리곤 하더구나."

"맞아, 우리 연구실의 가장 큰 과제도 그거야. 우리 화장품 회사뿐 아니라 바로 옆의 제약회사에서도 실험용 인간을 많이 확보하려고 경쟁이 치열하다는구나."

"역시나 그렇구나. 실험 대상인 인간을 확보하는 것

이 어느 회사든 가장 큰 문제이긴 하네. 그래서 A국에서는 아기 때부터 인간을 실험실에서 기르는데 제한된 공간에서 정해진 먹이만을 먹고 평생을 그곳에서 삶을 마감해야 한대. 그 인간 아기는 태어나서 죽을 때까지 실험실에 갇혀 지내야만 하는데 아마도 자기가 본 세상이 우주의 전부인 줄 알고 살 거야."

"불쌍하긴 하지. 하지만 역시나 대안이 없다는 것이 가장 큰 문제야. 사실은 우리 동물들의 과학기술 발달에도 인간이 얼마나 큰 공헌을 하였니? 처음에 불곰국가에서 세계 최초로 우주선을 띄었을 때 기억 안 나니? 불곰 대신에 인간이 우주선을 타서 무중력 상태에서 신체의 변화를 연구하는 데 큰 도움이 되었잖아. 비록 압력의 차이와 가속으로 인한 무리한 신체 변화를 견디지 못하고 장엄하게 삶을 마감하긴 했지만, 그 인간 덕분에 지금 불곰국의 우주 과학 기술은 단연 세계 최고가 되었어."

"듣고 보니 그렇구나. 인간이 우리 동물들의 삶의 질

향상을 위해 정말 많은 희생을 하였네. 실은 어제 철학 수업 때 들은 말인데, 우리 같은 동물을 위해 인간을 실험 대상으로 삼는 것에 반대하는 움직임이 거세지고 있나 봐. 뭐라더라? '인간해방 운동 단체'라고 하던가? 인간도 우리 동물과 마찬가지로 소중한 생명을 지닌 존재이며, 인간의 권리를 우리 동물들이 함부로 빼앗아서는 안 된다고 주장하는 단체인가 봐. 최근에는 실험실에서 갇혀 지내는 인간들을 구출하기도 하고 적극적으로 구조 활동을 벌인다는 소식을 들었어. 너는 그런 시민단체의 움직임에 대해서 어떻게 생각하니?"

"그렇구나. 그런 단체도 있었네. 물론 인간 실험에 반대하는 동물들도 많이 있겠지. 동물마다 생각이 다 다르니까 나도 이해해. 하지만 뭐든지 대안이 있어야 하는 것 아니야? 그 동물들도 우리가 인간을 대상으로 실험하는 것이 꼭 좋아서만 하는 게 아니라는 것을 알아주었으면 해. 우리도 실험 대상이 되는 인간들이 안타깝긴 하지만 동물 복지를 위해 어쩔 수 없잖아. 하여튼 마음 아픈 일인 것은 나도 인정해."

"그래, 네 말을 듣고 보니 정말 그렇구나. 우리 동물들의 복지와 행복을 위해 인간들의 희생은 어쩔 수 없다는 생각이 드네. 안타깝긴 하지만 그게 최선의 방법일 거야. 너무 마음 아파하지 않도록 하자꾸나."

❶ 우리나라에서 제정된 '동물보호법'의 목적과 기본내용을 조사하고 이 법에 대한 자신의 생각을 이야기 나누어봅시다.

❷ 동물원 설치에 대해 찬성과 반대 의견이 분분합니다. 여러분은 동물원의 존립에 대해 찬성 혹은 반대의 의견 중 어디를 지지하십니까? 그리고 그렇게 생각하는 이유는 무엇입니까?

❸ 동물 중에서 개와 고양이는 대표적인 반려동물로서 다른 동물들과 다른 관점에서 바라보는 사람들이 있습니다. 개와 고양이를 다른 동물들과 차별성을 두고 우대하는 관점에 대해 어떻게 생각하십니까?

❹ '동물 실험'에 대해 어떻게 생각하십니까? 그리고 그렇게 생각하는 이유는 무엇입니까?

5

양성평등

승태쌤의
생각나무

배려

정의

윤리

사회

여러분은 '남자답다.' 혹은 '여자답다.'라는 말을 들어보신 적 있나요? 사실은 '~답다.'라는 말 자체가 매우 주관적이라서 사람에 따라 평가와 기준이 달라집니다. 하지만 아직도 사람들은 어떤 태도나 행동을 보고 '남자답다.', 혹은 '여자답다.'라는 말을 사용하고 있지요.

예를 들면 '남자는 함부로 눈물을 흘려서는 안 된다.'라는 말이 있었습니다. 이 말은 반대로 '여자들은 남자들보다 눈물을 자주 흘려도 된다.'라는 뜻을 내포하고 있기도 합니다. 또한 '남자들은 슬픈(혹은 아픈) 상황이라 할지라도 울지 말고 참는 것이 남자 답다.'라는 뜻을 포함하기도 하지요. 이처럼 '남자다움'과 '여자다움'을 표현하는 말은 그 이면에 복잡한 상황들을 가정하고 있는 경우가 많습니다.

현대 사회는 '남자다움'이나 '여자다움'보다 '나 다움'을 강조하는 시대입니다. 남자도 슬프면 얼마든지 눈물을 흘릴 수 있으며 여자들도 남자들 못지않게 활동적이고 강인한 운동을 해도 이상하게 보지 않는 세상이 되었지요. 그리고 남녀의 역할은 서로 대립하고 갈등하는 것이 아니라 서로 보완하고 존중하면서 아름다운 사회 공동체를 이루어야 한다는 인식도 많이 확산되었습니다.

다음 이야기는 한 가정의 사례를 통해 남녀의 성 역할과 태도 및 가치관에 대해 생각해보는 기회를 제공합니다. 이 이야기를 통해 양성평등과 가치에 대해 깊이 생각해보는 계기가 되기를 바랍니다.

"기철아! 너 또 축구 하니? 남자아이가 어디 할 게 없어서 축구를 하니? 다른 남자아이들은 모두 얌전히 앉아서 인형 놀이를 하거나 소꿉장난을 하는데 기철이 너는 남자답지 못하게 과격한 운동에만 몰입해서 이 아빠는 정말 걱정이란다. 어제도 밤늦게까지 격투기 영상만 보다가 아침에 늦잠 자지 않았니? 다른 남자아이들처럼 조용하고 차분하게 지내면 안 될까?"

"아빠, 나는 정말 축구가 좋단 말이에요. 그리고 격투기 동영상 보는 것도 제 여가 시간의 유일한 즐거움이고요. 꼭 남자들은 조용하고 차분해야 한다는 법이 있나요? 전 아직도 어른들의 그런 생각을 이해할 수 없어요."

"너희 엄마를 보렴. 여자답게 프로레슬링에 격투기까지 배워서 나름대로 명성을 떨치지 않았니. 비록 세계 챔피언 결정전에서 아쉽게 패하긴 했지만 은퇴하여 지금은 한국 프로레슬링 꿈나무들을 가르치는 코치로서 열심히 활동하고 있잖아? 물론 시대가 변해서 남녀의 직업 구분이 많이 사라지긴 했지만 그래도 '남자다움', '여자다움'이라는 것은 여전히 존재하는 거야. 성 역할에 구분이 없어졌다 하더라도 각자에게 어울리는 삶의 태도와 모습은 여전히 존재하는 것이란다."

"아무리 그렇다고 해도 저는 제가 좋아하는 축구나 격투기 영상 보는 것을 포기할 수는 없어요."

"네 형을 좀 보렴. 어린이집 영아반 선생님으로서 매일 노래와 율동을 연습하며 자기에게 주어진 일을 성실히 하고 있지 않니? 퇴근해서도 늘 기저귀를 갈아주는 연습을 하며 매 순간 자기 일에 최선을 다하려고 노력한단다. 그뿐 아니라 간호조무사 자격증을 따기 위해 퇴근 후에도 학원에 다니며 열심히 공부하고 있잖아. 물론 최근에는 극히 소수이긴 해도 어린이집 선생님이나 간호조무사 분야에도 여성들의 참여가 생겨나서 정말 바람직한 현상이라고 생각되긴 하지만 아직 우리 사회에는 남성들이 할 일과 여성들이 할 일이 알게 모르게 구분되어 있어. 너도 그 부분을 인정하고 각자 주어진 성별에 맞는 삶의 모습을 계획하고 이루어나가자꾸나."

"네, 무슨 말씀이신지 알겠어요. 저도 나름대로 남자답게 살아가기 위해 노력하고 있다는 것은 알아주세요. 그나저나 아버지, 새롭게 시작한 가사도우미 일은 좀 어떠세요? 적응되셨나요?"

"응, 내가 다니던 반찬 공장이 갑자기 사정이 어려워져서 퇴직하게 되었지만, 운 좋게 바로 가사도우미 일을 하게 되어서 정말 감사하게 생각한단다. 이 아빠가 요리나 청소는 정말 우리나라 일등 아니겠니? 그건 기철이 너도 인정하지?"

"네, 물론이죠. 저도 아빠가 해주신 반찬이 가장 맛있어요. 아빠가 만든 순두부찌개는 정말 일품이에요!"

"그래, 그렇게 생각해준다니 정말 고맙구나. 아빠는 어릴 때부터 요리와 방 청소 등에 소질이 많아서 정말 남자 중의 남자라는 이야기를 많이 듣고 자랐단다. 그 덕분에 가사도우미 일도 쉽게 구할 수 있었던 것 같아. 기철이 너도 지금부터라도 틈틈이 이런 일들을 잘 배워두면 언젠가 쓸모가 있을 거란다."

"맞아요, 아빠 어린 시절은 할머니로부터 이야기를 많이 들었어요. 어릴 때부터 아빠 방을 온통 분홍색으로 꾸미고, 학용품과 장난감도 모두 분홍색이었다면서요? 게다가 사내답게 인형의 집 꾸미기에 소질이 정말 많았다고 들었어요."

"음… 할머니께서 별말씀을 다 하셨구나. 하여튼 틀린 말은 아니란다. 아빠가 우리 동네에서 가장 사내답다며 동네 어른들의 칭찬이 자자했어. 그래서 기철이 네가 초등학교에 입학할 때 파란색 가방을 사달라고 할 때 정말 놀랐단다. 아빠에게는 남자아이들이 여자들처럼 파란색 가방을 사용한다는 것은 정말 꿈도 못 꿀 일이었거든."

"그렇긴 해도 이제는 시대가 좀 달라졌다고요. 제

친구 중에도 파란색 학용품을 사용하는 아이들이 얼마나 많아졌는데요."

"그래, 그런 게 바로 시대의 변화겠지. 그래도 아빠가 어릴 때 늘 했었던 고무줄놀이나 인형 옷 만들기 등 남자아이들이 좋아할 만한 놀이가 점차 사라지는 것 같아 마음이 아프단다."

"에이, 아빠는 언제적 말씀을 하시는 거예요. 이제는 가끔 여자아이들도 귀여운 고양이가 그려진 캐릭터의 학용품을 사용하거나 친구들과 쎄쎄쎄를 하기도 한다고요."

"세상에나! 이 아빠가 나이가 들어서 그런 건지 정말 이해할 수 없는 일들이로구나. 세상 참 변해도 너무 변했어. 그리고 기철아, 너에게 한 가지 부탁이 있단다."

"네, 말씀해보세요. 무슨 부탁인가요?"

"이제 다음 달이면 네 누나가 ROTC 군사훈련을 마치고 해군 장교로 입대하게 되잖니? 누나가 입대하게 되면 앞으로 자주 못 만나니까 그동안만이라도 좀 사이좋고 친절하게 대해주면 안 될까?"

"누나가 다음 달 군대에 가게 되었나요? 아직 한참 남은 줄 알았는데 벌써 입대하게 되는군요. 네, 아빠 말씀대로 누나와 다투지 않고 살갑게 대하도록 노력할게요."

"그래 누나가 군에 입대했다가 첫 휴가 나오게 되면 아빠와 함께 맛있는 요리를 해주자꾸나. 알았지?"

"네, 그래요. 누나가 벌써 군에 입대한다니 아쉽네요. 좀 더 살갑게 대해줄 걸 그랬나 봐요. 아빠 말씀대로 누나 휴가 나오면 함께 맛있는 요리를 만들어요. 그리고 우리 누나 면회도 자주 가도록 해요."

"그래, 역시 착한 우리 아들이네. 고맙다, 착한 아들!"

생각 나무

① '남자답다' 혹은 '여자답다'라는 말에 대해 어떻게 생각
   하십니까?

② 남자와 여자의 성향은 타고나는 것이라고 생각하십니
   까? 아니면 사회와 문화에 의해 남성으로, 혹은 여성으
   로서의 정체성을 가지고 성장하게 된다고 생각하십니
   까?

③ 내가 남자로서, 혹은 여자로서 불합리한 대우를 받은 일
   이 있다면 무엇입니까? 그때의 생각과 느낌을 서로 이
   야기 나누어 봅시다.

④ 진정한 양성평등 사회를 이루기 위해서 개인이 가져야
   할 마음가짐과 자세, 사회적 차원의 대책이 있다면 각
   각 무엇입니까?

6

외모
지상주의

승태쌤의
생각나무

가치

정의

안리

사회

여러분은 외모에 대해 관심이 많으신가요? 사람에 따라 정도의 차이는 있겠지만 외모에 대해 전혀 관심이 없는 사람은 매우 드물 것입니다. 최근에는 우리 사회도 외모에 관한 관심이 점점 커지고 있습니다. 남녀를 막론하고 외모를 꾸밀 줄 아는 것이 자기 관리의 기본이자 하나의 경쟁력으로 인식되고 있습니다.

외모에 대한 관심이 늘어나면서 좀 더 아름다운 외모를 가지기 위해 성형수술이나, 좋은 몸매를 유지하기 위해 운동 등에 대한 투자도 늘어나고 있습니다. 물론 이러한 것들이 잘못된 사회 현상이라고만 단정 지을 수는 없습니다. 적절한 자기 관리와 건강을 위해 얼마든지 노력하고 투자할 수 있기 때문입니다.

'외모 지상주의'라는 말을 들어보셨나요? '외모가 지극히 높은 가치를 지닌다.'라는 뜻의 말입니다. 외모를 꾸미고 관리하는 것 자체가 문제가 아니라 '외모만을' 중시하는 태도는 분명 잘못된 것입니다. 외모보다 더욱 중요한 내면의 아름다운 가치를 바라보지 못하게 되기 때문입니다.

외모보다 내면의 참된 인성과 실력이 존중받는 시대를 만들기 위해서는 어떤 노력이 필요할까요? 그것은 개인의 노력과 함께 사회 전체의 노력도 필요합니다. 내적인 실력과 함께 그 사람의 인성을 올바로 평가할 수 있는 기준이 요구되는 것입니다.

다음 이야기는 외모에 대한 인식을 반대되는 상황으로 그려본 것입니다. 이 이야기를 통해 참된 아름다움은 외면보다는 내적 가치에 있음을 깨닫고 인식하는 시간이 되시기를 바랍니다.

"민주야. 너 그 이야기 들었어? 옆 반에 새로 전학 온 친구가 키 162㎝에 몸무게 45㎏이래. 게다가 피부는 여드름 하나 없이 하얗고 깨끗하다는 소문이 돌고 있어. 우리 직접 그 전학생을 보러 갈까?"

"그래? 세상에나… 너무 불쌍하구나. 정말 안됐다. 어쩌다 그렇게 되었을까. 관리를 너무 안 했나 보다. 그런 외모로는 앞으로 진학이나 취업하기도 정말 어려울 텐데 말이야. 요즘 말로 원서를 내면 그 순간 빛의 속도로 탈락하게 될 거야. 몸무게는 최소 100㎏ 이상 되어야 그나마 면접 볼 기회라도 얻을 수 있을 텐데."

"그러게 말이야. 저렇게 하얀 피부에 마른 몸매를 가지고 있다면 앞으로 살아가기 정말 힘들 텐데 걱정이다. 지금이라도 최소 90㎏ 이상 키우지 않으면 앞으로 살아갈 일이 걱정이다."

"그러고 보니 이렇게 청소년들이 외모에 관심을 가지

게 된 것은 방송 연예계의 영향이 크다고 생각해. 인터넷에서 아이돌 스타나 걸그룹의 프로필을 보면 하나같이 몸무게 120kg 이상, 키 130㎝ 정도가 대부분이야. 모두 공장에서 찍어낸 듯 저렇게 아름다운 몸매를 하고 있으니 아직 철모르는 학생들이 부럽다고 따라 하는 것은 어찌 보면 당연하다니까?"

"실은 민주 너도 알다시피 나도 재작년까지는 80kg으로 정말 삐쩍 말랐었잖아? 그런데 식단조절을 잘해서 겨우 105kg이 되었어. 이 정상 체중을 유지하려면 앞으로도 잘 노력해 나가야 할 것 같아."

"그나저나 효정아, 이번 학교 축제 방송제에 출연한 선배 오빠 정말 멋지지 않았니? 난 그 오빠를 보고 완전히 반해버렸어. 학교 축제 이후 온통 내 머릿속에는 그 오빠 생각뿐이야."

"그렇구나. 나도 그 영상을 보았는데 정말 춤도 잘 추고 매너도 좋고 뭐 하나 빠지는 게 없더구나. 게다가 외모는 또 얼마나 환상적인지… 대머리인 데다가 어드름이 가득 찬 피부에다 주먹코인데 다들 한 번 보면 그 매력에 흠뻑 빠져들고 말 거야. 거기다가 몸무게는 160kg 정도인데 그렇게 건강하고 훌륭한 몸매를 가진 사람은 아직 못 본 것 같아."

"정말 그렇지? 그런 조각 같은 미남은 아직 본 적이 없는데 말이야. 나는 그런 사람은 우리 주변에는 없고 TV나 영화를 통해서만 볼 수 있을 거로 생각했었어. 아마 학교 축제 방송제 이후 우리뿐 아니라 우리 학교 모든 학생이 다 빠져들었을 거야."

"그래 맞아, 그 선배 오빠가 인기가 많은 건 사실이지. 하지만 오르지 못할 나무는 쳐다보지도 말라고 하잖니. 그냥 우리는 멀리서 바라보는 것만으로 만족하자."

"그래, 아무래도 그래야 할 것 같아. 사실은 그런 완벽한 사람이 내 남자친구라도 된다면 조금은 부담스러울 것 같아. 같이 길을 걷더라도 모두 뻔한 눈빛으로 쳐다볼 것 아니니? 나는 그냥 몸무게 120kg에 키

140㎝ 정도로 평범한 사람이면 남자친구로서 대만족이야.”

"그렇지, 나랑 생각이 비슷하구나. 그런데 어제 혹시 뉴스 기사 봤니? 인터넷 검색하다가 어떤 기사를 보았는데, 요즘 대학 입학 기념으로 성형수술이 유행이라고 하더구나. 우리도 고등학교 졸업하고 대학에 입학하게 되면 부모님께 성형수술 해달라고 부탁드려볼까?"

"그래? 가끔 입학선물로 성형수술을 시켜주는 부모님 이야기는 들어본 적이 있는데 기사로 보도될 정도로 흔한 일이 되었나 봐?"

"응, 맞아. 성형수술에 드는 비용이 매년 천문학적인 액수인데 성형수술 하는 연령이 점점 낮아지고 있나 봐. 실은 나도 대학입학 전에 방학 때 쌍꺼풀 없애는 수술을 할까 했었는데 말이야."

"그래? 그런 수술은 간단하고 비용도 적으니까 부모님께서 해주실지도 모르겠네. 한번 말씀드려봐."

"그럴까? 그런데 기사에 난 수술은 쌍꺼풀 수술 정도가 아니라 비용도 많이 드는 큰 수술이더라고."

"그래? 구체적으로 어떤 수술들이었어?"

"응, 키를 작게 하기 위해서 키를 줄인다든가, 몸에 지방을 삽입해서 아름다운 몸매를 만든다더라구나. 그리고 턱을 더 길게 만드는 복잡하고 어려운 수술도 있다던데 그 수술은 비용도 많이 들지만, 고통도 엄청난가 봐."

"그렇구나. 그렇게까지 고통을 참으면서 아름다워질 필요가 있을까? 굳이 지방을 삽입하기보다는 조금씩 식사량을 늘려가면서 살을 찌우는 게 나을 것 같은데 말이야."

"나도 그렇게 생각해. 비용도 많이 들고 복잡한 수술이 과연 필요할까 싶기도 하지만, 정말 외모 때문에 콤플렉스를 느끼며 심적으로 고통 받는 사람들이라면 수술을 선택할 수도 있겠다는 생각이 들어."

"맞아, 외모로 인해 면접에서 떨어지고 좌절감을 크

게 느낀 사람들이라면 그런 선택을 할 수도 있겠지. 누구든 당사자의 입장이 되어보지 않고서는 함부로 판단할 수 없지."

"그래, 나나 너나 성형수술에 돈을 쓰지 말고 지금부터라도 아름다운 외모 관리에 힘쓰자. 우리 방학 때는 온종일 먹기만 하고 움직이지 않는 몸매관리 캠프에 참여해볼까? 1주일에 15만 원인데 미래를 위해서라면 그 정도는 투자할 수 있을 것 같아."

"그래? 그거 좋은 생각이다. 우리 방학 일정을 맞춰서 함께 몸매관리 캠프에 참여해보자. 좋은 정보 알려줘서 고마워."

"고맙긴, 너랑 나랑은 둘도 없는 절친 아니니. 뭐든지 너랑 함께해서 정말 기쁘고 즐거워."

"그래, 우리 모두 아름다운 외모 관리를 위해 힘내자. 화이팅!"

생각 나무

❶ '외모지상주의'란 무엇을 뜻하는 말입니까? 그리고 외모
   지상주의에 대해 어떻게 생각하십니까?

❷ '외모도 경쟁력이다.'라는 말이 있습니다. 외모를 가꾸기
   위해 성형수술을 하는 사람들도 많습니다. 이러한 사례
   에 대해 어떻게 생각하십니까?

❸ 외모가 아니라 내면의 인성과 실력이 더욱 우대받는 사
   회를 만들기 위해 필요한 사회적 차원의 노력이나 국가
   정책이 필요하다면 무엇입니까?

❹ 친구 중에 외모에 지나친 관심을 두고 연예인들과 비슷
   해지려고 노력하는 사람이 있다면 어떤 말을 해주고 싶
   습니까?

7

저출산
고령화

승태쌤의
생각나무

여러분은 '저출산 고령화'라는 말을 많이 들어보셨을 것입니다. 전체 인구 중 65세 이상 인구가 7%를 넘으면 '고령화 사회', 14%를 넘으면 '고령 사회', 20%를 넘으면 '초고령 사회'로 구분합니다. 통계청 조사에 의하면 2020년 우리나라에서 65세 이상 고령 인구의 비율이 15.7%로 이미 고령사회에 진입하였으며, 이러한 추세라면 2025년에는 20.3%에 이르러 초고령 사회로 진입할 것으로 전망하고 있습니다.

또한 '합계출산율'이라는 용어는 가임 여성(15~49세) 1명이 평생 동안 낳을 것으로 예상되는 평균 출생아 수를 나타낸 지표를 뜻하는 말입니다. 우리나라의 합계출산율은 2020년 통계 기준으로 0.84명으로 1명 미만을 기록하고 있습니다. 참고로 그 나라의 인구 규모를 유지하기 위해서는 2.1명 정도의 합계

출산율을 유지해야 한다고 합니다.

저출산 고령화가 국가적 문제로 대두되는 이유는 무엇일까요? 그것은 바로 국가의 장래가 걸린 문제이기 때문입니다. 만약 저출산 고령화의 추세가 지금처럼 계속된다면 앞으로 미래에 대한민국의 존립 자체가 위협을 받기 때문입니다.

다음 이야기는 저출산 고령화가 지속되는 경우를 가상한 미래 사회의 모습을 그렸습니다. 이 이야기를 통해 저출산 고령화 문제의 심각성을 인식하고 여러분들 나름대로 깊이 있는 사고를 통해 개인적, 혹은 국가적 차원의 대안을 모색해보시기 바랍니다.

"세상 참 많이 좋아졌어. 젊은 사람이 서 있는데도 저렇게 자리를 양보하지 않는 노인이 있다니 말이야. 작년부터 국가에서 어린이와 청년들에게 자리를 양보하자고 대대적인 캠페인을 벌여도 실제로는 저렇게 지켜지지 않으니 무슨 소용이 있겠나. 정말 실망스러운 모습이야."

"정말 한심하기 짝이 없는 모습이네. 저렇게 젊은이를 우대하지 않는 사회는 미래도 희망도 없는데 말이야."

"작년에 우리 정부에서 버스와 지하철 좌석의 대부분을 젊은이석으로 지정한 것은 정말 훌륭한 정책인 것 같아. 그리고 올해는 젊은이들에게 무료승차권을 나누어주고 노인들에게는 요금을 인상하여 부족분을 메꾼다고 하더군."

"그래? 들던 중 반가운 소식이네. 가끔 국가의 잘못

된 정책에 실망하곤 했는데 이번 젊은이 우대 결정은 정말 잘한 일이야. 지하철과 버스가 만성 적자로 허덕이고 있는데 국민의 대부분을 차지하는 우리 노인들부터라도 요금을 착실하게 내고 모범을 보이는 게 당연하지. 우리 노인들도 국가에 보탬이 될 수 있다는 걸 보여줘야 한다고 생각해."

"아 참, 그리고 그 소식 들었어? 내가 사는 동네에 무려 27년 만에 신생아가 태어났어."

"그래? 그거 정말 기쁜 소식이로구나! 정말 동네 경사네. 이제 그 아기의 부모는 돈방석에 앉겠네."

"응. 아기를 출산했으니 그 아기의 가족들은 모든 학비와 의료비가 면제되고 세금조차 내지 않아도 돼."

"아기를 출산했으니 그 정도는 당연하다고 생각해. 아니 어찌 보면 더 큰 혜택을 주어야 하지 않을까 싶기도 하네."

"안 그래도 어제 출산한 아기가 신문과 뉴스에 크게 보도가 되었거든. 그걸 본 대기업 회장이 엄청나게 큰 액수의 축하 사례금을 주었다는 소식을 들었어."

"그렇군. 만약 내가 돈 많은 사업가였더라도 그렇게 축하 사례금을 주었을 것 같아. 이건 우리 동네뿐 아니라 국가적 경사라고 할 수 있잖아?"

"그렇지. 이제 우리나라도 기대수명 130세 시대가 되었고, 자네와 나도 이제 갓 100세를 넘었으니 건강 관리만 잘한다면 앞으로도 살아갈 날이 창창하구먼. 이렇게 살다 보니 신생아 출산이라는 기쁜 소식도 다 들어보고 정말 오랜만에 듣는 반가운 소식이야."

"올해 우리 국민 모두의 나이를 평균하면 72세라는 통계청 자료를 본 적이 있어. 이제 국민들의 나이가 엄청나게 많아졌으니 앞으로 신생아 출산과 같은 기쁜 소식을 또 들을 수 있을지 의문이야. 27년 만에 신생아 출산을 담당한 의사는 너무 기쁜 나머지, 마치 자신의 손자가 태어난 것처럼 기쁨의 눈물을 흘렸다더군. 그런 감동적인 장면을 직접 목격했다면 누구라도 기뻐서 눈물을 펑펑 흘렸을 거야."

"그렇지. 앞으로 그런 기쁜 뉴스를 내 생전에 또 들어볼 수 있다면 얼마나 기쁠까?"

"그러게 말일세. 어린아이의 웃음소리와 뛰노는 소리를 들어본 것이 언제인지조차 기억이 가물가물하다네. 그러고 보니 국가에서는 비교적 어린이와 청년들이 많은 나라에서 어린이와 청년들을 수입하는 정책을 추진하려고 계획 중이라더군."

"그게 정말이야? 아니 어린이와 청년들이 무슨 물건도 아니고 어떻게 수입을 한다는 말일까?"

"수입이라는 표현을 써서 좀 거부감이 들긴 하지만, 엄밀히 말하면 수입이라기보다는 우리나라로 이민 올 수 있도록 적극적인 정책을 추진한다는 거야. 예를 들면 우리나라로 이민을 오게 되면 주택 자금을 지원하여 살 집을 마련해주고, 또 직업 훈련을 통해 한국에 정착하여 살아갈 수 있는 직업도 알선해준다더군. 그뿐 아니라 아직 우리나라 언어에 서툰 사람들도 이민 올 수 있도록 원한다면 무료 언어 교육도 해주고 통역

사까지 지원해준다고 들었어."

"그래? 그거야말로 외국의 어린이와 젊은 사람들이 우리나라에 와서 살아가기에 더없이 좋은 조건이긴 하군. 수입이든 아니든 그런 게 중요한 게 아니라 우리나라가 사라지기 전에 어서 빨리 젊은 인구 증가 정책을 적극적으로 시행해야 할 때야. 그렇지 않나?"

"누가 아니라고 하던가? 의료 기술은 나날이 발전하여 평균 수명은 갈수록 늘어나는데 그에 비하여 젊은 사람들은 찾아보기 어려운 시대가 되었으니 이대로 간다면 우리나라의 미래는 안 봐도 뻔하지 않은가?"

"그렇지. 어제 대통령도 100세 생일을 맞이했다고 하더군. 100세도 뭐 요즘 시대에는 그리 많다고 할 수 없지만 그래도 이젠 좀 더 젊은 사람들이 우리나라의 정치 경제 문화를 책임지고 이끌어 가면 좋겠어. 자네도 그렇게 생각하지?"

"그럼, 그렇고말고. 두말하면 잔소리 아니겠나?"

❶ '고령화 사회', '고령 사회', '초고령 사회'를 나누는 기준은 무엇입니까?

❷ '합계 출산율'은 무엇을 뜻하는 말이며, 현재 우리나라의 합계 출산율은 어느 정도 입니까? 그리고 이러한 합계출산율이 지속된다면 우리나라 미래 인구 구조는 어떻게 변할 것이라고 예상하십니까?

❸ 저출산 문제를 해결하기 위해 사회적(국가적) 차원에서 대처 방안을 마련한다면 무엇이 있겠습니까? 각각 두 가지씩 적어봅시다.

❹ 노인들의 삶의 질 향상을 위해 사회적(국가적) 차원에서 대처 방안을 마련한다면 무엇이 있겠습니까? 각각 두 가지씩 적어봅시다.

사회
윤리
톺아보기

8

우월적
지위

승태쌤의
생각나무

여러분은 '갑질'이라는 말을 들어보셨나요? '갑질'이라는 말의 뜻은 비교적 강자의 위치에 있는 사람을 '갑', 반대로 약자의 위치에 있는 사람을 '을'로 규정하였을 때 '갑'의 위치에 있는 사람이 우월적 지위를 이용하여 자신보다 낮은 위치에 있는 '을'에게 정신적, 혹은 육체적 고통을 가하는 행위를 뜻하는 말입니다.

가끔 언론보도를 통해 우월적 지위를 활용하여 자신보다 약한 사람을 괴롭히는 이들의 기사가 보도되곤 합니다. 아파트 경비원에게 폭언과 폭행을 일삼은 사람, 비행기 승무원에게 무리한 요구를 해서 문제를 일으킨 사람, 식당에서 식사를 한 뒤 종업원이나 점주에게 황당한 트집을 잡아 영업을 방해하는 사람 등이 그러한 예입니다.

이처럼 우월적 지위를 활용한 괴롭힘, 속칭 '갑질'이 사회 윤리적 문제가 되는 이유는 무엇일까요? 그것은 기본적으로 다른 사람들을 배려하고 존중하기 보다는 자신의 힘과 위치를 내세워 부당한 권력을 행사하려는 잘못된 마음 때문입니다. 즉 갑질이란 평등과 공정의 기본적 가치를 무너뜨리고 인간관계에서 지켜야 할 기본 도리를 무너뜨리는 잘못된 행동인 것입니다.

다음 이야기는 우월적 지위를 이용한 괴롭힘을 색다른 관점에서 꾸며본 것입니다. 이 이야기를 통해 부디 타인 존중과 배려의 기본 덕목을 지키고 평등과 공정의 가치를 지켜나가는 여러분이 되시기를 바랍니다.

"수빈아, 너 그 소식 들었니? A회사의 회장이 신입사원들에게 제대로 인사하지 않고 무례하게 굴어서 회사가 한동안 시끄러웠대."

"그래? 아직도 그런 무례한 회장이 있다니 정말 신기한 일이로구나. 그러고 보니 우리 아파트에서도 주민들이 경비원에게 인사를 제대로 하지 않는 것 같아. 몇 년 전만 하더라도 모든 주민이 아파트 경비원들을 만나면 바른 자세로 예의를 갖추어 인사를 드렸었거든."

"정말 듣고 보니 그렇구나. 이런 게 옛날 어른들이 말하는 말세인가? 아랫사람들이 윗사람들에게 제대로 인사조차 하지 않는다니, 사회 질서와 규범이 앞으로 더 흐트러질 것 같아서 정말 걱정이야."

"희주야, 그러고 보니 우리가 벌써 대학을 졸업하고 직장생활을 한 지도 벌써 10년이 넘어가는구나. 그동

안 사회도 많이 변한 것 같아. 아무리 평등사회도 중요하지만, 아랫사람이 윗사람에게 갖추어야 할 기본적 도리마저 지켜지지 않는다면 그런 평등이 무슨 소용이 있겠니? 사람과 사람 사이에는 기본적으로 지켜야 할 도리라는 게 있는데 말이야."

"그렇지, 나도 네 말에 동감해. 역시 너와 나는 생각이 잘 통하는구나. 그런데 수빈아, 나 조금 있으면 우리 회사 신입 회장 면접이 있거든. 내가 면접위원이라 조금 일찍 일어나봐야 할 것 같아. 오랜만에 너를 만나서 좀 더 오래 대화하고 싶은데 미안하구나."

"괜찮아. 네가 회장 채용 면접위원이 되어서 고생이 많구나. 부디 윗사람들에게 예의를 갖추어 바르게 행동하는 회장을 뽑도록 하렴. 회장은 회장답게 말단사원으로서 자기보다 신분이 높은 사람들을 잘 대하는 기본 매너를 갖추어야지. 너라면 좋은 회장감을 잘 고를 수 있을 거라 믿어."

"응, 알겠어."

"그러고 보니 나도 곧 우리 회사의 청소용역 직원분들이 화장실 청소를 하실 시간이 되었어. 그분들이 오시기 전에 내가 먼저 사무실에 자리를 지키고 있다가 맞이해드려야지. 아무도 없는 빈 사무실을 보여드리는 건 아무래도 예의가 아니지."

"역시 너는 센스가 있구나. 요즘 사람들은 정말 그런 기본적 예의가 필요해."

"맞아, 우리는 항상 그런 기본적인 도리는 꼭 지키면서 살아가도록 하자꾸나. 그런데 이제 우리 형이 군에 입대하게 되었어. 형이 입대하게 되어서 나도 요즘 군대에 관심이 많아졌거든. 그래서 가끔 군대 관련 뉴스를 검색해보았는데 조금 걱정이 되는 기사도 많더구나."

"그래? 무슨 기사인데 그래?"

"가끔 후임병이 선임병에게 폭언이나 욕설을 하고 괴롭히는 일들이 생긴다고 하는구나. 물론 예전과 달리 군대 내에서도 인권 존중에 대한 의식이 강해져서 그런 안 좋은 소식이 많이 사라지긴 했지만 아직도 극소수의 후임병 중에는 선임병을 괴롭히는 못된 사람들이 있나봐."

"아직도 그런 못된 후임병이 있단 말이야? 자기보다 훨씬 먼저 군대에 입대하여 국가를 위해 충성하고 봉사하는 선임병들에게 친절하게 대해주지는 못할망정 욕설과 폭언이라니 정말 있어서는 안 될 일이야."

"너도 그렇게 생각하지? 우리 형도 혹시 군에 입대하자마자 선임병들을 괴롭히고 그럴까 봐 조금 걱정이 되기는 하지만 천사처럼 착한 형이니 그럴 리는 없겠지?"

"그렇겠지. 너희 형이 오죽 착한 형이니? 절대 선임병에게 폭언이나 욕설을 할 성격은 아니니 걱정하지 않아도 될 거야."

"나도 부디 그러리라고 믿고 싶어. 그리고 본인도 군 생활이 오래될수록 선임병이 되고 모셔야 할 후임병들이 점점 많아질 텐데 그걸 생각해서라도 선임병들을 괴롭히면 절대 안 되겠지. 안 그러니?"

"그야 물론이지, 아 참 그러고 보니 내일까지 제출해야 하는 '우리 사회의 갑질 문화'에 대한 조사는 다 끝마쳤니? 나는 차일피일 미루다가 이제 3일밖에 시간이 안 남았네. 무슨 좋은 자료 없을까?"

"그래? 아직 숙제를 다 못했나 보구나. 혹시 이런 주제는 어떠니? 종종 뉴스에 보도되는 사례이긴 한데 국민들이 국회의원과 장관들에게 우월적 지위를 이용하여 정신적으로 괴롭히는 사례들이 있다고 하더구나."

"어떤 식으로 말이야?"

"응, 국회의원과 장관들은 예전부터 우리 사회의 가장 힘없고 나약한 사람들이었잖아. 비록 소수의 국민들이긴 하지만 국회의원과 장관들에게 국정을 똑바로 운영하라며 항의성 메일을 보내기도 하고, 또는 잘못된 정책과 관련하여 공개 사죄를 요구하기도 하면서 망신 주기를 일삼는다더구나. 국회의원과 장관뿐 아니라 심지어는 대통령도 그런 갑질의 큰 피해를 당하고 있다고 들었어."

"그렇구나. 그런 사람들이 지금은 비록 사회적 약자이긴 하지만 앞으로는 국회의원이나 장관들처럼 힘없는 사람들의 인권도 존중하고 모두가 평등을 누리는 사회가 빨리 이루어졌으면 좋겠어."

"나도 마찬가지야. 우리부터 사회의 나쁜 갑질 문화를 없애고 서로 존중하고 배려하며 살아가자꾸나."

"그래, 우리의 작은 노력이 큰 결실을 볼 때까지 함께 노력하자. 화이팅!"

생각 나무

➊ 우월적 지위를 활용하여 자신보다 약자의 위치에 있는 사람을 신체적, 정신적으로 학대하는 행위가 개인적 차원, 사회적 차원에서 각각 어떤 문제를 일으킨다고 생각하십니까?

➋ 우월적 지위를 이용하여 다른 사람들에게 위해를 가하는 행위를 종식하기 위해서 필요한 개인적 차원의 노력과 사회적 차원의 대책이 있다면 무엇이라고 생각하십니까?

➌ 우월적 지위를 이용하여 다른 사람에게 해를 끼친 사례를 인터넷에서 1가지씩 조사하고 그 기사를 통해 얻은 교훈을 서로 이야기 나누어 봅시다.

9

AI

승태쌤의
생각나무

가치

정의

윤리

사회

여러분들은 AI에 대해 들어보신 적이 있나요? 4차 산업혁명 이후 우리는 주변에서 쉽게 AI에 대해 이야기를 듣게 되곤 합니다. AI란 'Artificial Intelligence'의 약자로서 인간의 학습능력, 추론능력, 지각능력, 그 외에 인공적으로 구현한 컴퓨터 프로그램 또는 이를 포함한 컴퓨터 시스템 등을 일컫는 말입니다. 이뿐만 아니라 최근에는 증강현실 등 과거에는 경험하기 어려운 것들을 가상세계를 통해 간접체험이 가능한 시대에 살고 있지요.

터미네이터 등 과거에 개봉했던 많은 영화들은 인공지능 로봇을 주제로 내세우고 있습니다. 그들이 오히려 인간보다 더욱 강한 힘과 뛰어난 지능을 갖추게 되어서 인간의 삶을 파괴시키는 내용들이지요. 그러나 AI에 대해 지나치게 부정적으로 보거나, 반대로 지나치게 낙관적으로 보는 입장 모두를 경계

해야 합니다. 앞으로 갈수록 AI의 활용 범위는 넓어질 것이지만 사용자가 그것을 어떤 윤리적 목적을 가지고 활용하는가 하는 것이 가장 중요한 관건입니다.

최근에 AI아나운서에 관한 기사를 보셨는지요? 사람과 똑같은 모습으로 객관적이고 공정하게 뉴스를 보도하며 사회 문제에 대한 냉철한 비평까지 언급하는 AI의 모습은 앞으로 AI가 인간의 삶, 예를 들면 직업이나 산업 구조 등에 큰 영향을 끼칠 것임을 미리 보여주는 사례입니다.

다음 이야기는 AI가 인류 사회의 중심을 이루게 된다는 가상 미래를 그린 것입니다. 이 이야기를 통해 인간이 주체가 되어 AI를 바람직하게 활용할 수 있는 방안에 대해 깊이 생각해보시는 계기가 되기를 바랍니다.

"K-268호야, 주말에 뭐하니? 특별한 계획 없으면 나랑 같이 인간 박물관에 가볼래?"

"인간 박물관? 그래, 내가 만들어지고 얼마 안 되어 가본 적이 있긴 한데, 꽤 오래전 일이 되었구나. 네 말대로 주말에 같이 가볼까?"

"그러자. 얼마 전 디지털 고문서를 학습했는데 '백문이 불여일견'이라는 고대어가 있더라구. 그 말을 나에게 저장되어있던 빅데이터로 분석해보니 '한 번 보는 것이 백 번 듣는 것보다 낫다.'라는 말이었어. 우리 AI들은 직접 가서 보지 않더라도 충분히 배우고 학습할 수 있지만, 주말에 딱히 할 일도 없고 하니 직접 인간 박물관에 가보도록 하자꾸나."

"그래 이제 나랑 너 같은 AI만 있고, 소수의 인간은 인간 박물관에 가야 볼 수 있는 세상이 되었으니 말이야. 이제 곧 인간들도 멸종위기종이 되었으니 AI 정부에서 잘 관리하고 사육해주면 좋겠어."

"그래, 이제 몇 안 남은 인간들이지만 먹이도 잘 주고 번식할 수 있는 최적의 환경을 만들어줘서 절대 멸종하지 않도록 잘 관리해야 할 것 같아. 우리 AI들도 입력된 정보에 의해서만 인간을 파악하는 것이 아니라 앞으로도 지금처럼 직접 눈으로 보고 만질 수 있으면 다양한 관점에서 인간 존재를 파악하고 그 정보를 저장할 수 있을 거야."

"나도 과거 빅데이터 자료들을 검토하다 보니 예전에 인간들은 '일'이라는 것을 해서 돈을 벌었었나 봐. 그런 일들을 '직업'이라고 불렀었대. 왜 그렇게 힘들게 살았는지 모르겠어."

"그러게 말이야. 인간이라는 존재가 아무래도 지능이 많이 뒤떨어지니까 그런 것 아니겠어? 물론 그들이 우리 AI의 기초를 개발한 것은 칭찬해줄 만하지만 말이야."

"응. 인간들은 자가 학습 능력으로 스스로 자료를

수집하고 배우는 것이 아니라 '학교'라는 곳을 다니고 책이나 인터넷 등을 통해 지식을 습득했다고 하더구나. 지금 생각해보면 정말 비효율적인 방법들이야."

"그렇지. 우리 AI들은 세상 모든 자료가 네트워크로 연결되어 있어서 스스로 학습하고 진화해 나가지만 인간들은 모든 면에서 우리들보다 훨씬 부족하니까 그런 구식 방법으로 공부를 해야만 했겠지. 그리고 보통 오전 9시에서 오후 6시를 기본으로 '회사'라는 곳에 출근해서 돈을 벌었다고 하더구나. 그리고 그 일이라는 것들도 서류를 작성하거나 윗사람에게 결재를 받는 일 등 지금 생각해보면 정말 어처구니없는 것들뿐이야."

"그래 맞아. 하지만 과거 인간들 입장에서는 그렇게 일하는 방식이 가장 효과적이었을지도 모를 일이야. 인간이라는 존재는 자기가 처한 환경의 테두리 내에서만 모든 것을 이해하고 파악하는 존재거든."

"이번에 인간 박물관에 가면 과거 인간들의 역사와

삶의 모습에 대해서 새로운 정보를 얻을 수 있을지 모르니 아주 흥미롭구나. 벌써 기대가 되는데?"

"인간 박물관에 가기 전에 우리 스스로 인간 존재에 대해 조금만 더 데이터를 수집해보고 가보자. 그런데 말이야. 나도 인간들에 관해 관심이 좀 있어서 여러 가지 자료들을 분석해보았는데 도저히 알 수 없는 말이 있어."

"그래? 어떤 말이니? 혹시 내가 아는 것일 수도 있으니 나에게 물어보렴."

"응, 그건 바로 '사랑'이라는 말이야. 데이터를 수집해보니 '사랑(영어: love)은 깊은 상호 인격적인 애정에서 단순한 즐거움까지를 아울러서 강하며 긍정적으로 경험된 감정적 정신적 상태이다. 즉 좋아하고 소중히 여기는 마음을 말한다. 대표적인 예로 모성애, 가족, 또는 연인에 대한 사랑을 들 수 있다. 넓은 의미에서는 사람 또는 동식물 이외의 대상, 즉, 조국이나 사물에 대한 사랑도 포함된다.'라고 장황하게 설명이 되어 있어. 그런데 그게 무슨 말인지 아직도 잘 이해가 안 가."

"정말 그렇네. '상호 인격적인 애정'은 뭐고 '좋아하고 소중히 여기는 마음'은 또 뭘까? 저런 추상적이고 모호한 단어들 때문에 인간들에게 발전이 없었던 걸 거야. 내 생각에는 그런 머리 아픈 단어들 하나하나에 너무 신경 쓰지 않아도 될 것 같아."

"그렇겠지? 고마워. O-2934호 너랑 이야기를 나누어 보니 내가 너무 별것 아닌 것에 신경 쓰고 있었던 것 같구나."

"그래. 기껏해야 80살 정도밖에 살지 못하는 유한한 존재인 인간들이 만들어낸 요상한 단어 하나에 너무 의미를 부여하지 마. 우리처럼 영원히 살고, 또 모든 것을 논리적으로 분석하고 발전해가는 AI들의 세상에서는 모든 것이 아름답고 희망으로 가득 찰 뿐이야."

❶ 'AI'란 무엇의 약자입니까? 그리고 그 뜻은 무엇입니까?

❷ 현재 우리 사회에서 활용되고 있는 AI의 사례를 한 가지
   씩 조사하고 이야기 나누어 봅시다.

❸ 앞으로 AI가 대체할 것으로 예상되는 직업에는 어떤 것
   들이 있을지 적어봅시다.

❹ 사회 전반에서 AI의 활용이 높아질 때의 장점과 단점을
   각각 한 가지씩 이야기 나누어봅시다.

사회
윤리
톺아보기

10

국제분쟁

승태쌤의
생각나무

여러분은 '전쟁'과 '평화' 중 하나를 선택하라면 무엇을 택하시겠습니까? 물론 대부분의 사람은 평화를 택할 것입니다. 그러나 우리가 늘 접하는 공기와 물의 소중함을 잘 깨닫지 못하듯이 평화로운 환경 속에서 살아가는 사람들은 평화가 얼마나 소중한 것인지 잘 인식하지 못할 수도 있습니다.

지금도 세계 곳곳에서 전쟁과 테러의 소식이 들려오곤 합니다. 세계 각국은 영토나 종교, 민족분쟁 등으로 인해 전쟁합니다. 이해관계가 다른 세계 각국이 갈등과 분쟁이 없을 수는 없지만, 전쟁보다는 대화와 협력을 통해 평화적인 방법으로 문제를 해결하기 위해 노력해야 할 것입니다.

우리나라는 6.25 전쟁을 비롯하여 역사적으로 많은 전쟁의 아픔을 경험한 나라입니다. 우리가 경험한 수많은 전쟁을 통해서 어떠한 교훈을 얻을 수 있을까요? 평화를 지키기 위해서는 그것을 지킬 수 있는 기본적인 힘이 있어야 합니다. 다른 나라의 무력을 침략하기 위한 군사력이 아니라 자기 나라를 스스로 지켜낼 수 있는 최소한의 힘이 필요한 것입니다.

다음 이야기는 전쟁 상황이 지속되는 세계의 모습을 상상하여 그린 이야기입니다. 물론 이 이야기처럼 이 세상에 지속적인 전쟁 상황만 발생한다면 사람이 살기 어려운 끔찍한 세상이 되고 말 것입니다. 이러한 세상이 되지 않기 위해서라도 우리는 늘 평화의 중요성을 깊이 인식하고, 대화와 타협, 양보와 협력을 통한 국제문제 해결이 얼마나 중요한지 깊이 인식하도록 합시다.

"수연아, 그 소식 들었니? 이번에 A국과 B국 사이에 또 전쟁이 났대. 우리 인터넷 실시간 생중계 같이 볼까?"

"그래? 안 그래도 공부하고 좀 나른하던 참인데 잘 되었네. 같이 전쟁 실시간 중계나 보면서 머리 좀 식히자."

"이렇게 전 세계 곳곳에서 발생하는 전쟁과 테러를 현장감 있게 관람할 수 있다니 정말 행복한 세상이야."

"그렇지? 그리고 늘 세계 곳곳에 전쟁이 있으니까 좋은 무기를 개발하기 위해 과학 기술도 발달하는 거고, 또 무너진 건물을 복구하기 위해 경제도 활성화되고, 일자리가 늘어나니 정말 다행이야."

"맞아. 전쟁이 있기 때문에 우리가 이만큼 발전된 환경에서 살아갈 수 있으니 늘 전쟁에 감사하는 마음으로 생활해야겠어."

"그나저나 작년에 우리나라에서 발생한 전쟁은 이제 많이 복구되었지? 우리 집 옆에도 폭탄이 떨어져서 정말 큰일 날 뻔했어."

"그랬구나. 전쟁 때문에 가끔 위험한 상황도 발생하지만 그래도 전쟁이 주는 혜택을 생각하면 그 정도 위험은 감수해야 하겠지."

"맞아. 전쟁 덕분에 늘 오히려 안전에 신경을 쓰고, 항상 미래를 위해 음식과 물을 비축하는 나 자신을 볼 때마다 스스로 대견하다는 생각이 들어. 전쟁이 사람을 내적으로 더욱 성숙하게 만드는 것 같아."

"듣고 보니 C국에서는 아직 전쟁이 한 번도 안 났다고 하더구나. 그렇게 재미없는 나라에서 어떻게 살아가는지 모르겠어."

"그래? 아직도 그런 나라가 있단 말이야? 그 나라 국민들은 정말 재미없는 하루하루를 살아가겠구나. 무슨 낙으로 생활하는지 궁금하네."

"아마 미래에 대한 대비도 없이 매일매일 똑같이 지

루한 일상을 살아가겠지 뭐. 그리고 전쟁이 없으니 과학 발전도 없고 경제 발전도 없을 거야."

"나도 매일같이 전 세계에서 발생하는 전쟁 소식을 들으면서 꿈을 키우게 되었는데, 앞으로 전쟁 분석 전문가가 되기 위해 열심히 공부할까 해."

"전쟁 분석 전문가? 그게 무슨 일을 하는 직업이니?"

"응, 나도 최근에 그런 직업이 있다는 사실을 알게 되었어. 국가기관에서 일하는 공무원 중 한 직종인데, 세계 여러 나라에서 발생하는 전쟁의 원인을 분석하고, 어떤 나라가 전쟁에서 승리하게 될지, 그리고 전쟁으로 인한 결과가 어떻게 나타나게 될지 등을 예측하는 직업이야."

"그런 직업이 있구나. 난 처음 들었어."

"응, 지금 세계 곳곳에서 영토분쟁, 종교분쟁, 민족갈등, 무역 분쟁 등으로 많은 갈등과 분쟁이 발생하고 있잖니? 그래서 세계 각 나라가 어떤 이유로 주변 국가와 전쟁을 하게 되는지 이유를 분석하고, 또 각국의 군사력과 경제력 수준 등을 고려해서 전쟁의 결과까지 예측하는 직업이야."

"그런 멋진 직업이 있구나. 너는 늘 체계적으로 분석하고 예측하는 것을 좋아하니 분명히 멋진 전쟁 분석 전문가가 될 거야."

"고마워, 그리고 우리나라도 지금 진행 중인 이웃 나라와의 전쟁에서 빨리 승리하고 우리의 국력을 세계에 널리 알렸으면 좋겠어. 그래야 다른 나라들이 우리나라를 우습게 여기지 못할 것 아니야? 실은 나도 한 가지 걱정이 있어. 전쟁과는 좀 다른 양상이긴 해도 요즘 우리나라에 테러가 많이 발생하고 있단 말이야. 테러는 전혀 예상하지 못한 시간과 장소에서 불특정 다수가 큰 해를 입게 되니 조금 무섭긴 해. 이렇게 우리가 대화를 나누는 도중에도 길거리 어디에선가 폭탄이 터지지 않을까 늘 불안한 마음이 들기도 하고."

"너도 역시 그런 생각을 하고 있었구나. 그러니까 말인데, 전쟁에서 승리해서 우리 국력을 세계에 널리 알리는 것도 좋지만, 이렇게 전쟁이나 테러가 계속되는 것이 정말 좋은 것일까? 난 이웃 나라 전쟁을 구경하는 것까지는 좋을지 몰라도 우리 집에 포탄이 떨어진다는 것은 생각만 해도 끔찍한데?"

"뭐 설마 우리가 사는 집에까지 포탄이 떨어지기야 하겠어? 그럴 확률은 그렇게 높지 않으니 걱정하지 마. 아마 길을 가다가 벼락에 맞을 확률보다 적을 것 같은데? 그리고 적군의 포탄이 떨어지기 전에 우리나라 군대에서 개발한 아이언 돔을 통해 공중요격을 할 테니까 안심하라고."

"아니 잠깐만, 수연아 저기 멀리 보이니? 조금 전 우리 머리 위로 지나간 전투기에서 포탄을 떨어뜨린 것 같은데… 지금 저 앞에 불나고 있는 것은 우리 아파트 아니야? 자세히 보니 우리 아파트가 맞는 것 같아! 아이구! 큰일 났네! 나 빨리 좀 가볼게. 수연아 미안!"

❶ 지금도 세계 여러 나라에서 전쟁이 발생하는 이유는 구체적으로 무엇이 있을까요?

❷ 평화 유지를 위해 세계 각국이 노력해야 할 점들에는 무엇이 있을까요? 함께 이야기 나누어 봅시다.

❸ '핵확산 방지조약'에 대해 조사한 후 그것의 목적과 의미에 대해 함께 이야기 나누어 봅시다.

❹ 우리나라와 내가 사는 지역사회의 안전과 평화를 위해 수고하시는 분들(군인, 경찰, 소방대원, 의료진 등)에게 감사의 마음을 담아 짧은 메시지를 적어봅시다.

사회
윤리
톺아보기

11

환경
문제

승태쌤의
생각나무

여러분은 '기후변화'나 '지구온난화' 등의 말을 뉴스 등을 통해 많이 들어보셨을 것입니다. 기후변화란 지구 내부의 화산 활동이나 태양 복사열의 변화 등 자연적 요인과 함께 화석 에너지의 사용, 무리한 개발로 인한 삼림자원 훼손 등 인간의 인위적인 활동으로 지구의 평균 기온이 점진적으로 상승하는 것을 말합니다. 이로 인하여 '지구온난화' 현상이 발생하는 것입니다.

지난 100년간 지구 온도는 평균 0.3℃ 이상 상승한 것으로 조사됐습니다. 그리고 앞으로 상승 폭은 더욱 커질 것으로 예상됩니다. 지구 온도가 상승하면 해수면이 높아져 인류의 생존을 위협하며, 자연 생태계가 파괴되고 강력한 태풍과 홍수를 유발하는 등 극심한 자연재해의 원인이 될 수 있습니다.

기후변화를 방지하기 위해 세계 각국이 협의체를 구성하고 실천을 위해 노력하고 있지만, 무엇보다 가장 중요한 것은 우리 개개인의 인식 변화입니다. 아무리 좋은 정책이 개발된다고 하더라도 우리 한명 한명이 환경 보존을 실천하지 않는다면 아무런 소용이 없습니다.

다음 이야기는 일회용품을 비롯한 플라스틱이 지구의 모든 물품의 주원료가 된 상황을 상상하여 꾸민 것입니다. 플라스틱 물건의 제조는 온실가스 배출량의 큰 부분을 차지하고 있으며, 이는 기후변화뿐 아니라 자연환경 파괴와 생태계 훼손의 문제까지 이어지고 있습니다. 이 이야기를 통해 자연환경 보존의 중요성을 인식하고 기후변화 방지를 위해 여러분이 스스로 실천할 방안을 모색해보시기 바랍니다.

"기주야, 넌 마트에 심부름을 가면서 역사책에나 나올 법한 장바구니를 들고 가니? 요즘 그런 것 사용하는 사람이 어디에 있니? 보는 사람이 다 창피하구나."

"응, 나도 장바구니라는 게 있는 줄 몰랐는데 우리 집 이사하면서 창고의 골동품들과 함께 나왔어. 아마 우리 할아버지 할머니 세대에서는 가끔 이런 것을 사용하셨나 봐."

"그래, 네 말대로 장바구니는 교과서에나 나오는 역사적 유물이야. 그런 걸 길거리에서 들고 다니면 사람들이 다 쳐다보고 수근거린단다. 다시 너희 집 창고에 가져다 놓든가 아니면 버리도록 하렴."

"그래, 그럴게. 그나저나 보람아, 요즘 어디를 가든 모두 플라스틱 제품뿐인데 좀 질리지 않니? 나만 그런 생각이 드는 걸까?"

"플라스틱이 질린다고? 기주야, 너는 플라스틱이 얼

마나 유용한 제품인지 모르니? 다양한 색상, 다양한 모양, 거기에다가 튼튼하고 가볍기까지 하니 사람들에게는 이만큼 편리한 것들도 없을 거야. 그리고 한 번 구입하면 어지간해서는 썩거나 변형되지 않으니까 가정 경제에도 얼마나 큰 도움이 되니? 이렇게 좋은 플라스틱 제품을 질린다고 표현해서는 안 되지."

"그런가? 뭐 네 말을 듣고 보니 그렇긴 하구나."

"기주야, 이제 일상생활에서 사용하는 물건들 뿐 아니라 다양한 분야에서 플라스틱이 활용되는 시대가 되었잖니? 이전보다 더욱 단단하고 열에 강하며 뛰어난 내구성을 지닌 플라스틱이 이전의 모든 것들을 대체하는 시대가 된 거야. 이제 플라스틱과 인간 생활은 분리할 수 없는 상황이란다. 그러니 플라스틱에 대해 질린다느니 어쩌느니 하지 말고 오히려 플라스틱에 감사하는 마음으로 잘 사용하도록 해야겠지?"

"정말 우리가 사는 아파트까지 플라스틱으로 지을 줄은 꿈에도 몰랐어. 지난달에 우리 가족이 새로 아파트를 분양받아 입주했잖아? 그런데 시멘트와 철근을 사용하지 않고 모두 플라스틱으로 지었다지 뭐니? 나는 처음에는 플라스틱으로 지었다길래 바람이 조금이라도 세게 불면 무너지지 않을까 걱정했었는데 실제로 살아보니 정말 단단하고 튼튼한 게 이전 시멘트 건물과 비교해도 전혀 손색이 없었어. 게다가 시멘트로 지은 건물들은 시간이 지나면 낡고 부서지는데 우리가 새롭게 입주한 플라스틱 아파트는 아무리 오랜 시간이 흘러도 새 아파트처럼 깨끗함을 그대로 유지할 수 있다지 뭐니?"

"거봐, 내가 뭐랬니. 플라스틱이 이렇게 유용한 것이라는 걸 이제야 깨달은 거니? 앞으로 아파트뿐 아니라 새롭게 신축되는 공공기관이나 학교까지 모두 플라스틱 공법으로 공사를 진행한다더구나. 이제 플라스틱은 먹을 수 없다는 것만 제외하면 인간의 삶의 대부분을 차지하게 된 거야."

"아, 맞다. 플라스틱을 먹는다는 이야기를 들으니 어

제 봤던 뉴스가 생각나는구나. 지금 수많은 해양동물이 바다에 버려진 플라스틱이 음식인 줄 알고 먹었다가 병들어 죽는 일이 엄청나게 자주 일어나고 있대. 바다 동물들은 플라스틱이 떠다니면 그냥 먹이인 줄 알고 집어삼키나봐. 어쩌면 좋을까?"

"맞아, 그런 뉴스를 본적이 있어. 하지만 인간의 생활을 편리하게 하기 위해서는 어느 정도 부작용도 감수해야 하지 않을까? 동물들이 플라스틱을 먹고 죽어가는 모습은 참으로 안타깝긴 하지만 어쩔 수 없는 일이라는 생각이 들어. 예전에는 미세 플라스틱이 축적된 생선을 먹고 사람들이 병에 걸리는 일이 많았잖아? 그래서 지금은 모든 국가에서 해산물 정화제도를 의무화해서 생선을 비롯한 모든 해산물을 깨끗하게 정화한 뒤 소비자에게 판매하게 하니까 인간에게 직접적인 해는 없을 거야."

"그렇긴 해도 점점 멸종하는 바다생물이 늘어나는 건 안타까운 일이야. 지난주 뉴스에도 결국 바다거북이 멸종했다고 하더구나. 바다거북이 멸종하면 그에 따라 생태계가 무너지고 다른 해양생물들까지 멸종하게 될까 두려워. 내가 너무 지나친 걱정을 하는 걸까?"

"기주야, 너무 걱정하지 마. 인간의 힘을 믿어. 사람들은 어떠한 문제가 닥치더라도 과학 기술의 힘을 통해 능히 해결해오지 않았니? 바다 생태계가 무너지더라도 결국 사람들은 새로운 대처 방안을 찾아서 기필코 해결할 테니 걱정하지 말도록 하자꾸나. 지난 번 태평양 한가운데 섬나라가 지구온난화로 인해 해수면이 상승하여 결국 나라 전체가 물에 잠겼을 때 기억나니? 전 세계가 합심하여 그 나라의 기후난민들을 받아들이고 새로운 거처를 마련해주었잖니. 이번에는 그 옆의 섬나라도 결국 전부가 물에 잠기게 되나봐. 그래서 UN을 중심으로 세계 각국이 그 나라 국민들을 받아들이고 도움을 주기로 국제협약을 맺었대."

"맞아, 그랬지. 일회용품 사용 증가와 환경파괴 등으

로 인해 지구온난화는 점점 가속화되지만 결국 인간
은 이러한 어려움을 해결하고 점점 살기 좋은 사회를
만들 수 있을 거야. 나도 앞으로는 지나친 걱정은 하
지 않도록 해야겠어. 좋은 이야기 들려줘서 정말 고마
워."

생각 나무

❶ '지구 온난화'란 무엇이며, 그로 인해 발생하는 문제점은 어떤 것들이 있습니까?

❷ 플라스틱을 비롯한 일회용품 사용이 증가하면 환경에 어떤 영향을 주게 됩니까?

❸ '지속 가능한 발전'이라는 용어를 조사해보고, 지속 가능한 발전이 필요한 이유에 대해 함께 이야기 나누어 봅시다.

❹ 환경오염 문제를 해결하기 위해 내가 실천할 수 있는 일들을 구체적으로 3가지를 적어보고, 함께 이야기 나누어 봅시다.

12

문화
갈등

승태쌤의
생각나무

가치

정의

윤리

사회

'문화'란 무엇일까요? '문화'라는 말은 'culture' 즉 '밭을 갈고 경작한다.'라는 말에서 유래한 단어입니다. '밭을 간다.'라는 말은 단순히 농작물을 경작한다는 의미가 아닙니다. 생존에 필요한 의식주를 비롯하여 삶의 양식을 만들고 공유한다는 뜻입니다. 따라서 문화는 각 나라와 민족의 역사와 전통에 따라 매우 다른 모습을 보입니다. 그렇기 때문에 외국에 여행 가면 그 나라의 독특한 문화를 접하고 놀라는 경험을 하기도 합니다.

문화를 바라보는 관점에는 크게 두 가지가 존재합니다. 첫 번째는 '문화 상대주의' 관점입니다. 문화상대주의에서는 문화는 각 나라와 민족에 따라 다른 양상을 띠게 되므로 절대적인 평가 기준을 가지고 바라보아서는 안 된다는 입장입니다. 그 나라 고유의 문화와 관습을 인정하고 존중해주어야 한다는 것입니다. 두 번째는 '문화 절대주의' 관점입니다. 문화는 특정한 기준에 의해 평가할 수 있다고 보며 우수한 문화가 열등한 문화를 가르치고 개선하도록 적극적으로 힘써야 한다는 입장입니다.

이 외에도 자기 나라의 문화만이 우수하고 세계의 중심이 되어야 한다는 '자문화 중심주의', 그 반대로 더 크고 강한 나라의 문화만을 무조건 추종하는 '문화 사대주의' 등의 관점도 존재합니다.

다음에 제시된 두 친구의 대화를 통해 문화를 바라보는 안목을 기르고, 세계 여러 나라의 문화를 어떤 방식으로 수용하고 받아들일지 생각해보는 기회가 되시기를 바랍니다.

"상연아, 너 그거 아니? 라파스라는 나라가 있는데 그 나라는 사람이 죽으면 땅에 매장하거나 불로 화장을 한다더구나. 어떻게 그런 끔찍한 일을 하는지 모르겠어."

"그래? 세상에는 정말 이해할 수 없는 다양한 일들이 있구나. 조상의 시신을 그렇게 함부로 대하다니 후손으로서 절대 해서는 안 되는 행동을 하고 있네."

"너도 그렇게 생각하지? 사람이 죽으면 시신은 잘게 빻아서 독수리에게 먹이로 주어야 해. 그래야 높고 먼 하늘을 나는 강인한 독수리를 통해 그 영혼이 천국에 올라갈 수 있는 거야. 라파스라는 나라처럼 매장하거나 화장을 한다면 돌아가신 분의 영혼이 땅속에서 얼마나 갑갑하겠니. 참 어처구니없는 일이로구나."

"재윤아. 그리고 보니 나도 우연히 인터넷 기사를 읽었는데 아다낙이라는 나라에서는 식사할 때 요상하게 생긴 도구를 사용한대. 뭐라더라? '포크'라고 하던가? 끝부분이 창살같이 생겨서 아주 보기만 해도 기분이 나빠지는 도구야. 게다가 '나이프'라는 날카로운 도구도 사용하는 데 잘못 사용했다가는 식사하다가 저세상으로 갈 것 같더구나. 하도 궁금해서 그 도구들을 인터넷에서 검색해보았더니 보는 순간 식욕이 싹 사라졌어. 그런 희한한 도구들을 자기 입에 집어넣다니 세상에 참 별일도 다 있어."

"뭐야? 그런 도구가 있어? 세상에나 그렇게 비위생적이고 매너 없는 식사를 하다니 믿을 수가 없구나. 세상에서 가장 깨끗한 것은 뭐니 뭐니 해도 자기 손 아니겠어?"

"그러게 말이야. 만약 학교 급식이나 식당 등에서 그런 물건을 사용한다고 생각해봐. 누구 입으로 들어갔던 것인지, 깨끗하게 씻어두거나 한 것인지, 알 수도 없는 그런 도구를 자기 입에 집어넣고 싶을까? 생각만 해도 끔찍하네. 그렇지?"

"맞아. 나도 동감이야. 그리고 위생도 위생이지만 음식 맛은 역시 손맛 아니겠어? 손으로 음식을 집을 때의 그 감촉, 그리고 손에 묻은 양념을 깨끗하게 빨아먹을 때의 그 상쾌함을 아마 그 나라 사람들은 절대 모를 거야."

"그뿐이 아니야. 어떤 나라에서는 사람들이 레고를 쌓아올린 것 같은 공동주택에서 빼곡히 모여들어 살아간다는구나. 뭐라더라? '아파트'라고 하던가? 어떤 아파트는 30~40층을 넘는 곳도 있대."

"그래? 사람들이 땅을 밟지 않고 공중에 떠서 살아간다는 거야? 그리고 밑에도 사람, 위에도 사람이 살고 있어? 정말 내 눈으로 보기 전에는 믿을 수가 없구나. 사람은 자고로 땅을 밟고 살아야 사람답게 사는 것 아니겠니? 우리처럼 늘 자연을 벗 삼아 토굴을 지어 살아가며 흙냄새, 자연 냄새를 맡아야 항상 건강하게 살아갈 수 있을 텐데 말이야."

"그렇지? 세상에 그렇게 미개하게 살아가는 종족이

아직도 있다니, 정말 이 세상은 알아가면 알아갈수록 신기하고 놀라운 것들로 가득 차 있어."

"그리고 말이야. 상연이 너 어제 생일이었지? 늦었지만 생일 정말 축하한다. 이제 한 살 더 먹었으니 그만큼 더 어른스럽게 행동해야 하겠구나."

"응 벌써 생일이 지났네. 돌이켜 보면 한 해 한 해가 정말 빨리 지나가는 것 같아. 재윤이 너도 다음 달이 생일이지?"

"응, 난 다음 달이 생일이야. 그런데 상연아, 생일 이야기가 나왔으니 말인데 에록이라는 나라에서는 매년 1월 1일에 전 국민이 나이를 한 살씩 더 먹는다고 하는구나. 전 국민이 동시에 나이를 한 살씩 더 먹는다니 신기하지 않니?"

"그래? 그것참 처음 듣는 말이네. 그러면 12월 31일에 태어난 아기는 다음 날에 바로 두 살이 되는 거야? 고작 태어난 지 하루밖에 안 지났는데?"

"그런 셈이지 뭐… 그리고 그 나라는 설날이라는 명

절이 따로 있어서 새해가 두 번 있다는 뉴스도 들었어. 설날에는 떡으로 만든 국을 끓여서 먹고 웃어른들에게 '세배'라는 인사를 드린대. 그리고 말이야 어른들에게 그렇게 인사를 드리면 어른들은 아이들에게 반드시 용돈을 주어야 한다고 하는구나."

"그렇구나. 세상에 공짜는 없네. 일 년에 새해가 두 번 있는 것도 신기하지만 떡으로 만든 국을 끓여서 먹고 새해 인사를 드리는 것도 신기하네. 하지만 생각해 보면 그렇게 나쁜 것 같지 않은데? 새해 첫날에 어른들에게 인사를 드리고 안부를 여쭙는 것은 오히려 우리가 본받아야 할 예절이 아닐까? 그리고 좀 특이한 음식이긴 하지만 가족과 친척들이 모여 함께 음식을 먹으며 친목을 다질 수 있으니 오히려 좋은 점도 있다고 생각해."

"듣고 보니 그렇긴 하구나. 온 국민이 동시에 나이를 먹는 것은 좀 이상하다 싶은 생각이 들기도 하지만 또 나름대로 나이 계산하기도 편하고 새해를 맞이하면서 좀 더 어른스러워질 수 있으니 좋은 것 같기도 해. 그리고 그 떡으로 만든 국은 무슨 맛일까? 먹어보고 싶구나."

"그렇지? 우리 나중에 기회 되면 함께 에록이라는 나라에 여행을 가보자꾸나. 재미있을 것 같아. 너도 괜찮지?"

"그래, 좋았어. 우리 함께 가보자. 역시 너랑 나랑은 생각이 맞는 좋은 친구야!"

생각 나무

① '문화 상대주의'에 대해 간략하게 설명해보십시오.

② 문화가 각 나라나 민족마다 다른 양상으로 나타나는 이유가 무엇이라고 생각하십니까?

③ 다른 나라의 독특한 문화 1가지를 찾아 조사한 후 어떤 점에서 특이하다고 생각했는지 서로 이야기 나누어봅시다.

④ 개고기 식용에 대해 반대하는 나라가 많습니다. 개고기 식용 문화에 대해 수용하고 인정해야 한다고 생각하십니까? 아니면 후진적인 문화로서 사라져야 한다고 생각하십니까?

마무리 글

　이 책은 우리 사회의 각종 윤리적 문제에 대해 새로운 관점에서 생각해보기 위해 12가지 주제를 선정하였습니다.

　첫 번째 주제인 공부, 두 번째 주제인 합리적 사고, 세 번째 주제인 정직과 양심, 네 번째 주제인 동물권은 나머지 주제들을 탐구하기 위해 기초가 되는 철학적, 윤리적 분야를 다루고 있습니다.

　다섯 번째 주제인 양성평등, 여섯 번째 주제인 외모지상주의, 일곱 번째 주제인 저출산 고령화, 여덟 번째 주제인 우월적 지위는 우리 일상생활에서 많은 이슈가 되고 있는 사회 분야를 다루고 있습니다.

　아홉 번째 주제인 AI, 열 번째 주제인 국제분쟁, 열

한 번째 주제인 환경문제, 열두 번째 주제인 문화갈등은 국제 관계 및 인류 공동의 문제를 다루고 있습니다.

이렇게 12가지 주제는 각각 윤리적 문제, 사회적 문제, 국제적 문제를 다루고 있으며 점진적으로 우리 사고의 폭을 넓히고 관심 분야를 확장합니다. 또한 현실에서 일반적으로 경험하기 어려운 반대되는 상황을 보여줌으로써 사회 윤리의 각종 문제를 바라보는 시야를 넓히고 새로운 관점에서 문제 해결의 대안을 모색하도록 유도합니다.

때로는 위 사례에 제시된 이야기들이 불편하게 느껴질 수도 있습니다. 하지만 그것을 무조건 외면하기보다는 오히려 더 소중한 가치를 지켜내야겠다는 다짐으로 이어지면 좋겠습니다. 예를 들어 전쟁을 게임처럼 즐기는 잘못된 상황을 통해 오히려 우리가 누리는 평화에 대해 감사하고 그것을 지키기 위해 더욱 노력하기로 다짐하는 기회가 되기를 바랍니다.

이 책은 각 주제의 뒷부분에 함께 탐구하고 생각할 질문을 제공합니다. 이 질문은 가정에서 부모님과 함께 책을 읽고 이야기 나누거나, 학교 수업에서 토론 자료로 활용하기에 적합합니다. 그리고 각 질문은 정해진 답을 요구하기보다는 자기 생각을 논리적으로 이야기하고, 또 왜 그렇게 생각하고 판단하는지 적절한 이유와 근거를 제시할 때 더욱 활용 가치가 높아집니다.

앞으로 우리가 살아갈 미래 사회는 지금보다 훨씬 빠른 속도로 변화하고 발전할 것입니다. 이런 가운데 우리가 경험하는 다양한 상황 속에서 더욱 적절하고 합리적인 판단을 내리기 위해서는 생각하고 질문하고 탐구하는 훈련이 되어야 합니다. 긴 글을 쓰기보다는 짧은 단문에 익숙하고, 깊이 생각하기보다는 순간적인 흥미를 유발하는 영상 매체에만 익숙해지다 보면 생각하는 힘과 탐구하는 자세의 중요성을 잃어버리기 쉽습니다.

저는 가끔 아들과 함께 배봉산 둘레길을 산책할 때

가 있습니다. 산책로에는 사람들이 읽을 수 있도록 여러 시화가 전시되어 있습니다. 그 시들 중 유독 내 마음에 깊은 감동을 주며 나의 걸음을 멈추게 하는 시가 있습니다. 미국 시인 로버트 프로스트(Robert Frost)가 지은 「가지 않은 길」입니다.

원제인 'The road not taken'은 가지 않은 길, 가지 못한 길, 가보지 않은 길, 걸어보지 못한 길 등으로 번역될 수 있습니다. 그러나 우리나라에서 '가지 않은 길'로 번역된 것은 본인 스스로 선택에 의해 그 길을 가지 않았다는 점을 강조하기 위함이라 생각합니다.

생각하는 힘과 탐구하는 자세는 우리 삶의 자세를 진지하게 하고 앞으로의 진로를 결정하는 데 도움을 줍니다. 늘 깊이 생각하고 탐구하는 사람은 매일 주어진 시간을 알차게 사용하는 사람입니다.

그리고 액션 영화에 흔히 나오는 장면 중에 이런 것이 있습니다. 시한폭탄이 빠른 속도로 카운트다운 되는 중 파란 선과 빨간 선 중 하나를 잘라야만 폭탄이 터지는 것을 막을 수 있는 상황입니다. 초를 다투는 위급한 상황 중 하나를 선택해야 하는 다급한 상황 속에 주인공은 하나를 결정하여 선을 절단합니다. 그 이후는 폭탄이 터지든가, 아니면 폭탄이 안전하게 제거되든가 하는 둘 중 하나입니다.

물론 우리 삶 속에 영화와 같이 분초를 다투는 위급한 상황이 흔히 발생하는 것은 아닙니다. 그러나 분명 중요한 선택, 깊이 고민하고 결정해야 하는 일들이 늘 존재함을 부정할 수 없을 것입니다. 그런 점에서 우리 모두는 늘 갈림길 속에서, 그리고 선택의 상황 속에서 살아가고 있는 것입니다. 우리가 사는 세상에서 발생하는 다양한 사회 윤리적 문제들에 대해 깊이 생각하고 고찰하는 훈련이 되어야 하는 이유가 바로 여기에 있습니다.

저는 앞에서 언급한 「가지 않은 길」이라는 시를 읽으며 교사와 학생, 혹은 멘토와 멘티의 역할을 생각해보았습니다. 우리 삶에 놓인 수많은 갈림길 속에서 아무런 안내자나 조언자가 없다면 그처럼 불행한 일도 없을 것입니다. 교사는 바로 미지의 길을 걸어가는 학생들에게 인생의 선택을 도와주는 따뜻한 조언자, 길 안내자의 역할을 수행해야 할 것입니다.

이 책은 학생이 스스로 읽고 깊은 사고력을 함양하기에도 유익하지만 부모님이나 선생님이 따뜻한 조언자가 되어 생각의 힘에 넉넉한 자양분을 제공하기에도 매우 유익할 것입니다.

'도슨트(Docent)'라는 직업을 들어보셨을 것입니다. 박물관이나 미술관 등에서 관람객들에게 전시물을 설명하는 안내인을 뜻합니다. 도슨트는 '가르치다.'라는 뜻의 라틴어 'Docere'에서 유래한 말로서 '지식을 갖춘 안내인'을 말합니다. 박물관, 미술관 등에서 관람객을 안내하며 전시물 및 작가에 대한 따뜻한 설명을 바탕으로 이해를 돕도록 하는 것이 주된 역할입니다.

도슨트와 비슷한 직업으로 '큐레이터'가 있습니다.

큐레이터는 전시 기획, 테마 정하기, 작가 섭외 등 행정과 경영의 지식과 능력이 요구되므로 '전시기획자'라고 불리기도 합니다. 나는 참된 교사의 모습을 큐레이터보다는 도슨트에서 찾을 수 있다고 생각합니다. 예술 작품을 어떻게 이해하고 평가하는가는 전적으로 관람객의 몫입니다. 그러나 그렇게 이해할 수 있도록 깊이 있는 배경지식을 전달하고 따뜻한 안내자의 역할을 하는 도슨트의 역할은 교사, 혹은 멘토의 역할과도 크게 다르지 않습니다. 이 책을 읽으며 내 생각을 확장하고 올바른 대안 제시의 능력을 키워주는 직접적인 멘토가 혹시 없을지라도, 나 스스로 다양한 관점에서 사회와 윤리 문제를 깊이 고찰하는 가운데 훌륭한 멘토로 성장해가는 자신의 모습을 발견할 수 있을 것입니다.

우리 인생을 B와 D 사이에 놓인 'C'라고 합니다. 'Birth(출생)'와 'Death(사망)' 사이에 '선택(Choice)'이 있다는 말입니다. 나는 이 말에 전적으로 동감합니다.

그리고 무수히 많은 선택의 순간을 맞이하는 학생들에게 선생님과 부모님, 그리고 멘토들은 따뜻한 길 안내자가 되어야 한다고 생각합니다. 어쩌면 그 누구보다 이 책 자체가 독자들의 따뜻한 멘토가 될 수 있으리라 확신합니다.

프로스트의 시는 자신이 선택한 길로 인해 삶의 모든 것이 달라졌음을 고백하며 끝을 맺습니다. 이 책을 읽은 후에 사회를 바라보는 생각의 폭이 확장되고, 나와 다른 생각을 하는 사람들의 의견에도 경청하며 화합하는 태도를 기를 수 있다면, 그보다 더 기쁜 일은 없을 것입니다. 오늘도 수많은 선택의 갈림길 속에 고민하는 청소년들에게, 그리고 그들에게 따뜻한 길 안내자가 되어주는 부모님과 선생님, 여러 멘토분에게 밝은 미래와 희망이 있기를 기원합니다.

사람은 사회적 존재입니다. 다른 사람들과 함께 공동체를 이루어 살아가며, 또 그 속에서 다양한 윤리적 문제들과 마주치게 됩니다. 이 책에 제시된 12가지 사례 외에도 훨씬 많은 사회 윤리적 문제들이 우리 사회에 존재하고 있습니다. 그리고 그러한 문제는 더욱 복잡한 양상으로 변화하고 발전할 것입니다. 이럴 때일수록 생각하는 힘과 탐구하는 자세의 중요성을 깨닫고, 그 힘과 태도를 기르는 여러분이 되시기를 바랍니다. 스마트폰 하나만 있으면 단순한 지식과 정보는 얼마든지 손쉽게 얻을 수 있는 시대가 되었습니다. 사람을 사람답게 하는 힘, 그리고 아무리 시대가 변하게 되더라도 가장 중요한 것은 생각하고 탐구하는 힘일 것입니다. 부디 이 책이 여러분의 사고력을 확장하고, 사회 윤리의 각종 문제를 바라보는 안목을 신장하는 데 작은 힘이 되었으면 좋겠습니다. 감사합니다.